Helma Bielfeldt ||| Romy Schneider

HELMA

Wer bremst, verliert

Die Geschichte einer radikalen Kehrtwende

BRUNNEN
Verlag GmbH · Giessen

Die mit einem Sternchen gekennzeichneten Begriffe werden ab Seite 191 erläutert.

FSC MIX Papier aus verantwortungsvollen Quellen FSC® C014496 www.fsc.org

www.brunnen-verlag.de
Lektorat: Konstanze von der Pahlen
Umschlagfoto: Pete Ruppert
Umschlaggestaltung: Ralf Simon
Satz: DTP Brunnen
Druck: GGP Media GmbH, Pößneck
ISBN 978-3-7655-0907-0

Für Henning und meine Kinder und all jene,

die glauben, sie seien selbst schuld und

verdienen es nicht anders.

Und für jene, die meinen,

ein Mensch könne sich nicht ändern.

Inhalt

Warum ich meine Geschichte erzähle

Wenn es besonders schlimm war, sagte meine Oma zu mir: „Gott liebt dich, und er weiß genau, wie viel Last du tragen kannst.“ Ich antwortete ihr jedes Mal, dass ich doch selbst schuld sei. Doch stimmte das? Können Kinder schuld sein, wenn Eltern sie einfach nicht lieben können oder wollen?

Jeder Mensch verdient es, geliebt zu werden. Das habe ich erst nach vielen Jahren begriffen. Ich hatte lange Zeit geglaubt, dass ich es einfach nicht wert sei, geliebt zu werden. Erst als ich vor dem Scherbenhaufen meines Lebens stand, fand ich eine bedingungslose Liebe. Kein Mensch kann auf solch eine Art lieben. Denn immer wird es etwas geben, das Liebe verblassen lässt. Man macht Fehler, verletzt den anderen, und plötzlich bekommt die Liebe Risse. Die Liebe, von der ich spreche, ist einzigartig und hält bis in alle Ewigkeit. Es ist die Liebe Gottes. Er hat mir gezeigt, dass ich es wert bin, geliebt zu werden. Und er gab mir eine zweite Chance.

In meinem früheren Leben war es für mich wichtig, Macht über Menschen zu haben und Respekt zu bekommen – egal, auf welche Weise. Gewalt war für mich normal. Ich habe sie am eigenen Leib erfahren. Und ich habe sie selbst benutzt, um meine Ziele zu erreichen. Doch hinter meiner Gier nach Macht und Anerkennung verbarg sich nichts anderes als die Sehnsucht nach Liebe.

Viele der Begebenheiten in diesem Buch liegen Jahre zurück. Ich habe mich bemüht, sie so gut wie möglich aus der Erinnerung nachzuerzählen. Ich erzähle sie subjektiv, allein aus meiner ganz persönlichen Sicht. Für die meisten Personen habe ich Pseudonyme verwendet und auf detaillierte Orts- und Personenbeschreibungen verzichtet. Auch die Namen der einzelnen Motorradclubs oder Daten von bestimmten Ereignissen werden nicht genannt. Doch ich habe jede einzelne Begebenheit erlebt.

Prolog

Kiel, Sommer 1989

Die Kawasaki ist mein ganzer Stolz. Z750er-Maschine, vergoldete Fußrasten, ein Sound von 98 Phon und eine Verkleidung wie die der Maschine in *Mad Max*. Ich liebe meine Kawa. Sie macht mich stark. Und stark sein bedeutet, Macht zu haben.

Ich wuchte meine Tasche auf die Sitzbank und lege den Haltegurt um. Mit einem kräftigen Ruck zurre ich den Riemen straff. Tasche und Zelt sitzen fest. Das Motorrad ist gepackt. Der Tank ist voll. Noch acht Stunden Arbeit, und dann ab ins Wochenende. Ich kann es kaum erwarten, den Fahrtwind zu spüren und endlich meine Kumpels zu treffen. Abhängen und feiern: Das ist mein Programm an fast jedem Wochenende.

Es ist Freitagmorgen, und Kiel erwacht langsam aus der Nacht. Rollläden werden hochgezogen, Fenster zum Lüften geöffnet. Überall setzt die morgendliche Routine ein: duschen, anziehen, Kaffee aufsetzen, frühstücken und dann zur Arbeit.

Ich höre, wie ein Nachbar sein Auto zündet und rückwärts aus der Parklücke fährt. Langsam rollt er an mir vorbei, kurbelt das Fenster herunter und ruft: „Moin, Helma, na, geht's heute wieder auf Tour?"

„Jo", grummle ich, ohne mich umzudrehen. Heute Morgen habe ich wirklich keine Lust auf nachbarschaftliches Gequatsche. Ein letztes Mal ruckle ich am Gepäck. Alles sitzt. Der Nachbar hat verstanden, beschleunigt, und weg ist er. Ich habe ja gar nichts gegen ihn, aber sein Leben finde ich absolut stinklangweilig. Tagein, tagaus dasselbe. Einfach nix los.

Action, Abwechslung und heiße Maschinen: Das ist meine Welt. Früher haben andere bestimmt, was ich tun oder lassen soll. Wie im Marionettentheater. Aber das ist vorbei: Jetzt lasse ich die Puppen tanzen. Und heute Abend ist wieder Showtime!

Leichter Wind fährt durch meine kurzen lockigen Haare. Gänsehaut und ein Hochgefühl überkommen mich. Gleich geht's los!

Schnell laufe ich ins Haus zurück und ziehe die geflickte Jeans und die zerschlissene Motorradjacke über. Den Nierengurt lasse ich lieber weg. Soll ja wieder heiß werden. Außerdem sehe ich darin noch dicker aus, als ich ohnehin schon bin. Nicht, dass ich mir viel aus meinem Äußeren mache. Aber etwas schlanker wäre ich schon gern. Geschafft habe ich es nie. Mich mit irgendwelchen Superdiäten quälen, darauf habe ich keinen Bock. Ich ziehe meine Kutte* über, schnappe mir den ausgebeulten Helm, lasse die Tür hinter mir zuknallen und schließe die Wohnung ab.

In Kiel arbeite ich als Lkw-Fahrerin bei einer kleinen Spedition und liefere Ersatzteile für Autos und Motorräder aus. Die Arbeit macht einigermaßen Spaß, und das Geld reicht zum Leben und Feiern – und für meine Telefonkosten. Schnacken mit den Kumpels, das muss sein. 300 Mark gehen jeden Monat für die Miete drauf und noch mal genauso viel fürs Telefon. Manchmal hänge ich stundenlang an der Strippe. Dann bekakle ich mit Kumpels und meinen Freundinnen nach Motorradtreffen oder Partys jedes Detail. Oder wir quaschten Umbauten durch, und wo es billig Ersatzteile gibt. Natürlich bedauern wir uns auch gegenseitig, wenn die Arbeit mies läuft.

Ein Bürojob – nee, das wäre nichts für mich. Nett aussehen und Kaffee kochen für die feinen Schnösel? Bloß nicht! In der Fahrerkabine meines Lkws dagegen nervt mich keiner. Mit den Kollegen habe ich zum Glück nur selten was zu tun. Abgesehen von der Auftragsbesprechung mit dem Chef bin ich mein eigener Herr. Aber mein Chef ist cool. Der hat mich gleich eingestellt, als ich dringend einen Job brauchte. Meine Kutte und das derbe Auftreten fand er wohl irgendwie verwegen. Und irgendwie passt es auch zum Job. Da darf man nicht zimperlich sein. Das ist nichts für zarte Mädchen.

Heute ist mein Chef allerdings schon am Morgen mies drauf. Ein Kollege ist besoffen zum Dienst gekommen. Vollidiot!

„Auf den Lkw kann der nicht rauf", flucht der Chef und schickt meinen feinen Kollegen direkt wieder nach Hause. Soll seinen Rausch ausschlafen. Jetzt muss ich seine Tour übernehmen.

„So ein Mist", stöhne ich. Das bedeutet Überstunden!

Ich beeile mich, mit dem Laster vom Hof zu kommen. *Rums!* Beim Rückwärtsfahren ramme ich einen Golf.

„Hä, was ist das denn? Hat der Typ sie noch alle?“, motze ich und schlage mit der Hand aufs Lenkrad. Genervt steige ich aus, um den Fahrer des Autos zu suchen. Ist aber nirgends zu finden. Und der Golf ist an mehr als einer Stelle schon ziemlich verbeult.

Also, was soll's, denke ich. *Der Kratzer fällt schon nicht auf. Und außerdem: Ist doch sein Problem, wenn er dort so blöd steht.*

Natürlich bleibt der kleine „Kratzer“ nicht unbemerkt. Als ich bei der Spedition wieder ankomme, wartet der Chef schon mit den Bullen auf mich. Na toll!

Zum Glück kann das Problem auf einfachem Weg geregelt werden. Keine Anzeige. Nur 70 Mark muss ich blechen, weil ich ohne Hilfe rückwärts rausgefahren bin. 70 Mark bar auf die Hand, und die Sache ist erledigt.

Jetzt aber ab. Ich hab's eilig. Genervt zünde ich die Kawa, lasse die Maschine kommen und knattere vom Hof.

Der Fahrtwind macht mich ruhiger. Mein Helm dämpft den Straßenlärm, und ich kann den beschissenen Tag ausblenden. Mit 80 Sachen presche ich durch Kiel. Feierabendverkehr. Links, rechts schlängle ich mich an hupenden Autofahrern vorbei.

„Hupt doch, bis ihr schwarz werdet“, murmele ich in meinen Helm.

Gerade springt die Ampel auf Rot. Na und? Schnell noch rüber. Fast hätte ich ein Auto gerammt. Aus den Augenwinkeln sehe ich noch, wie der erschrockene Fahrer durch die plötzliche Vollbremsung abrupt nach vorne geschmissen wird. Ich muss grinsen. Wie der geguckt hat! Tja, wer bremst, verliert. Außerdem: Was kann ich dafür, dass die Ampel so schnell umschaltet? Ich will nur noch weg, beschleunige und rausche aus der Stadt. Endlich die Kumpels treffen, saufen und Spaß haben.

An fast jedem Wochenende ist irgendwo um Kiel herum ein Motorradtreffen. Rocker verschiedener Motorradclubs* und Free-Biker, die keinem Club angehören, feiern bei ordentlich harter Musik und mit viel Bier und Schnaps. Joints werden auch hin und wieder herumgereicht. Das knallt ziemlich. Ich inhaliere den Rauch, halte für einen Moment die Luft an und blase aus, wenn meine Lunge brennt. Das ist wie 20 Zigaretten auf einmal quarzen. Meine Sorgen verfliegen wie der ausgestoßene Rauch, und ich fühle mich frei, alles wird leichter und bin echt gut drauf. Mal sehen, ob heute jemand Gras dabeihat.

Meistens finden die Treffen irgendwo auf einer Wiese oder einem Feld statt, wo wir auch gut zelten können. Die Bullen und Nachbarn beäugen uns zwar, als seien wir Freaks, lassen uns aber normalerweise in Ruhe.

Als ich auf dem Gelände ankomme, ist fast noch niemand da. Ein paar Maschinen stehen am Rand, und auf der Wiese fläzen meine Kumpels im Gras. Andere stehen rauchend mit einer Bierflasche in der Hand um sie herum.

„Jo, Helma", rufen sie mir zu, als ich meine Kawa parke.

„Mann, was für ein ätzender Tag heute", poltere ich und schlage in die Hände ein, die mir zur Begrüßung hingestreckt werden. „Stress mit den Bullen und dann auch noch Überstunden, weil der Kollege wieder dicht war." Ich schüttle den Kopf und mache eine abfällige Handbewegung. „Und diese bekloppten Autofahrer ticken doch nicht richtig! Sollen erst mal fahren lernen."

Ein Kumpel grinst und reicht mir ein Bier. „Komm erst mal runter, und trink mit uns auf den Feierabend", sagt er.

Innerlich koche ich noch. Ich greife die Flasche und setze sie an den Mund. Ein kräftiger Zug. Das Bier kühlt mich ab – nicht nur von der drückenden Schwüle des Abends.

Nach und nach füllt sich der Platz mit Bikern. Sie bauen ihre Zelte auf. Die Musikanlage auf einem Treckeranhänger wird laut aufgedreht, und Hardrock wummert los. *AC/DC* und ihr *Highway to Hell* rockt über die Wiese. Der Rummel geht los.

Irgendwann treffen auch meine Mädels auf ihren Maschinen ein. Ich freue mich jedes Mal, sie zu sehen. Wir sind die Königinnen der Straße – die *Queens of the Road.* So heißt der Club, zu dem wir gehören. Ich habe ihn selbst vor ein paar Monaten gegründet. Die *Queens* stehen unter dem Schutz eines großen Kieler MC*. Ich trage dessen Patch* auch auf meiner Kutte. Wenn andere MCs das sehen, wissen sie Bescheid: Schön in Ruhe lassen! Denn jeder Angriff auf die *Queens* kommt wie ein Bumerang zu ihnen zurück. Wir werden als Frauenclub in der Szene akzeptiert. Pöbelt uns jemand an, bekommt er es mit dem MC zu tun. Wir *Queens* sind natürlich nur Frauen, fast alle blond und Single, und jede hat ihre eigene Maschine. Wir tragen Jeans und Lederklamotten. Die meisten von uns haben ganz normale Jobs. Klar, ein Motorrad kostet viel Geld, und das muss verdient werden.

Aber was abgeht, bestimme nur ich, denn ich bin die Präsidentin* der *Queens*. Nach dem Begrüßungsbier bauen meine Mädels ihre Zelte auf. Ich trinke ganz in Ruhe meinen Gerstensaft weiter, denn ich weiß, dass sie auch *mein* Zelt aufbauen werden. Das machen sie gern. Ich muss es ihnen nicht befehlen und irgendwelche Kommandos brüllen. Ist sowieso nicht meine Art. Als Präsidentin kann es mir also nicht mehr passieren, dass ich stoned und besoffen unter freiem Himmel oder am ausgeglühten Lagerfeuer einpenne, weil ich mein Zelt nicht aufgebaut habe – wie früher manchmal. Da habe ich am nächsten Morgen gefroren wie Sau und mich mies gefühlt.

Die Mädels wissen, dass ich als Präsi* klare Regeln habe. Unterordnung ist für die kein Problem. Ich dagegen habe damit schon so meine Schwierigkeiten. Besonders bei Männern. Wenn ich mir vorstelle, ich müsste das Zelt von irgendjemandem aufbauen, dreht sich mir der Magen um. Nee, nee, dafür bin ich nicht zu haben. Mit Frauen ist das einfacher.

Nach und nach kommt Schwung in die Party. Einige Lagerfeuer brennen. *Metallica* schreit aus den Boxen. Ich tanze wild und werfe ekstatisch zur Metal-Musik meinen Kopf vor und zurück. Dabei spiele ich Luftgitarre und bin voll drin in einer anderen Welt. Mit den anderen Rockern tobe ich mich aus, als wenn es kein Morgen gäbe. Der harte Beat, das kühle Bier, meine Mädels – endlich habe ich das Gefühl zu leben. Als es richtig dunkel ist, geht das allgemeine Besäufnis los. Jetzt ist garantiert niemand mehr nüchtern.

Auch ich habe schon einiges intus, als ich plötzlich lautes Grölen höre.

„Eh, Helma, die Tussi macht eine von euch platt“, ruft mir jemand zu.

„Hä, was ist das denn? Spinnt die?“

Ich renne los. Wenn eine *Queen* angegriffen wird, nehme ich das persönlich. Das kann ich mir auf keinen Fall bieten lassen. Und ich bin als Präsi für sie verantwortlich. So schnell wie die Wut kommen meine Beine in Bewegung.

Ich sehe einige Typen mit Bierflasche in der Hand und Kippe im Mund im Halbkreis um die Frauen stehen, die sich prügeln. Keiner mischt sich ein. Als ich ankomme, wird nicht lange gefackelt. Gleich drauf auf die Alte. Mit voller Wucht trete ich mit meinen schweren Schuhen gegen ihr Bein. Sie stöhnt auf und fällt zu Boden. Keine sehr gute Lage für sie. Aber ich kenne kein Mitleid.

Jetzt sind auch die anderen *Queens* um uns herum. Fäuste hageln auf die Tussi nieder. Schuhe treten auf sie ein. Sie krümmt sich zusammen, um ihren Bauch zu schützen. Einen Arm hat sie um ihren Kopf gelegt. Auch meine Hände schmerzen von den Schlägen, aber das spüre ich in diesem Moment nicht. Ich bin wie ein rasendes Tier und blende den Schmerz einfach aus.

Irgendwann lassen wir von ihr ab, aber nur, weil wir *Queens* jetzt selbst angegriffen werden. Ehe ich mich versehe, ist eine Massenschlägerei im Gang. Endlich ist hier was los! Die Frau, die wir gerade verprügelt haben, gehört zu einem mächtigen MC. Seit einigen Wochen lässt der sich immer häufiger in unserer Gegend blicken. Misstrauisch beäugen ihn die hiesigen Biker. Seit dieser MC auf dem Treffen ist, liegt Spannung in der Luft. Der will uns und andere Clubs in Norddeutschland plattmachen, wird seit Wochen gemunkelt. Der will das Gebiet übernehmen. Alle anderen Clubs müssten sich ihm unterordnen.

Beim Kräftemessen zwischen den Rockern gilt das Gesetz des Stärkeren. Berauscht von Alkohol und Drogen schlagen, treten, prügeln und schreien jetzt alle aufeinander ein. Ich werde hart am Kopf getroffen und gehe zu Boden. Ich bekomme nur noch mit, dass ein Krankenwagen heranfährt und die Wiese in Blaulicht taucht. Dann werde ich bewusstlos.

Am nächsten Morgen wache ich mit einem dicken Kopfverband in meinem Zelt auf. Keine Ahnung, wer mich da reingeschleppt hat. In voller Montur liege ich auf dem Schlafsack. Meine Klamotten sind klebrig und verschmiert: Blut, Grasflecken, staubige Sohlenabdrücke. Vage Erinnerungen von letzter Nacht tauchen auf. Mein Kopf ist kurz vorm Zerbersten. Die Schmerzen in meinen Händen sind heftig. Taumelnd kippe ich zurück, als ich mich aufsetzen will. Irgendwann rappele ich mich auf und schleppe mich nach draußen, wo die anderen *Queens* sitzen.

„Moin, Helma, tolle Nacht gehabt?", grinst mich Gitte an.

„War nicht schlecht gestern. Wir haben es ordentlich krachen lassen", feixt Claudia.

„Und wie!", antworte ich noch etwas benommen. Ich öffne ein Bier, zünde mir eine Zigarette an und lasse meinen Blick über das Gelände schweifen. *Pah, so leicht lassen wir uns nicht übernehmen. Im Norden sind wir zäh*, denke ich. *Wir haben hier das Sagen. Wir lassen uns nicht einfach das Gebiet abnehmen. Und das soll gefälligst auch so bleiben.*

In der darauffolgenden Nacht gibt es auf dem Treffen noch eine weitere heftige Auseinandersetzung mit dem mächtigen MC. Doch wir *Queens* und andere Clubs sind in der Überzahl. Irgendwann knickt der MC ein, steigt auf seine Maschinen und knattert davon. Ich und die anderen triumphieren, kippen Bier und Schnaps runter und feiern bis Sonntagabend durch.

Nicht immer gibt es Schlägereien wie diese. Meistens haben wir einfach nur Spaß zusammen. Am Ende solcher Wochenenden hänge ich dann erst mal in den Seilen. So wie jetzt. Doch in der Woche habe ich genug Zeit, mich auszukurieren. Klar habe ich Schmerzen. Wieder bin ich total fertig, und, ja, wieder habe ich gezeigt, dass ich wie ein Mann kämpfen kann. Eine für alle, alle für eine. Das ist das Gesetz meiner *Queens*. Das ist mein Gesetz.

Teil 1

1963 bis 1984

Sie hoffte, bangte, sehnte sich nach einem Jungen.
Doch dann kam ich auf die Welt.
Helma.
Wieder nur ein Mädchen.

Kapitel 1

Ich, Helma

Das Quieken war jedes Mal das Schlimmste. Die Schweine ahnten wahrscheinlich, dass ihre letzte Stunde geschlagen hatte. Unruhig tippelten sie in ihren Pferchen herum. Die schrillen Schreie, wenn sie dort herausgezerrt wurden, klangen unheimlich. Vor Angst presste ich mir fest die Ohren zu.

Meine Eltern hielten sich meistens zwei Schweine. Und eigentlich war das alljährliche Schlachten für mich immer sehr aufregend. Bis auf den Moment, wenn die Tiere getötet wurden. Als Kind musste ich dann raus aus dem Stall. Wenn es vorbei war, sah ich nur noch die toten Tiere oder die abgehackten Köpfe. Echt gruselig.

Beim Schlachten war meine ganze Familie eingespannt, und obwohl ich noch ein Kind war, packte auch ich mit an. Ich quetschte Schweinestücke durch den Fleischwolf oder rührte die Schwarzsauer. Die Blutsuppe aus Essig, Lorbeer und Innereien roch so ekelhaft, dass ich am liebsten gekotzt hätte. Für die Erwachsenen war es ein Schmaus, doch niemals hätte ich so etwas Widerliches essen können. Für mich und meine drei Schwestern kochte meine Oma Grießklöße mit einer süßen Soße aus Dörrobst. Das war lecker.

Meine Eltern hatten auch Hühner. Mit den Nachbarskindern durfte ich, anders als bei den Schweinen, zusehen, wenn die Viecher geschlachtet wurden. Da sah ich Köpfe rollen, wenn meine Mutter das Hackebeil auf ihren Hals heruntersausen ließ. *Zack!* Diesmal hatte sich das Beil im Holzblock verhakt. Mit federnden Bewegungen löste es meine Mutter wieder heraus. Der Kopf baumelte noch am Körper des Huhns, doch offenbar hatte der Schlag ausgereicht. Achtlos warf meine Mutter das Tier in einen Eimer. Ich und die Nachbarskinder schauten mit großen Augen und aus sicherer Entfernung zu.

Plötzlich flatterte das Huhn wieder aus dem Eimer heraus. Blut spritzte aus seinem Hals. Panisch rannte es auf uns Kinder zu. Der abgeknickte Kopf zappelte bei jedem Schritt hin und her. Als wäre das Grauen leibhaftig hinter mir her, rannte ich mit den anderen Kindern kreischend aus dem Stall. Ohne eine Miene zu verziehen, fing meine Mutter das Huhn schließlich wieder ein.

„Es ist mausetot“, sagte sie uns. „Das sind nur die Nerven, die spielen halt ein wenig verrückt.“

Natürlich war das Zombiehuhn noch lange Gesprächsstoff unter uns Kindern. Abwechselnd war immer jemand anderes überzeugt, dass das Huhn genau und ausgerechnet hinter ihm her gewesen sei.

Der Ort, in dem ich mit meinen drei älteren Schwestern aufgewachsen bin, liegt in Schleswig-Holstein. Eigentlich ist es mehr ein Mini-Dorf. Das Leben dort verlief ruhig und irgendwie idyllisch. Es fuhren nur wenige Autos. Man kannte sich untereinander und half sich aus, wenn mal Mehl oder etwas anderes fehlte. Ein Schuhgeschäft, ein Blumenladen und zwei Tante-Emma-Läden: Das waren die Einkaufshöhepunkte. Die Tante-Emma-Läden an der Hauptstraße besuchte ich unglaublich gern. Alles war so bunt, und die Bonbons gab es in großen Gläsern. Es roch lecker nach Lakritze. Geld dafür hatte ich keines. Aber meine Schwestern. Manchmal kauften sie eine kleine Tüte Bonbons, und wir lutschten sie draußen zusammen. Einmal stand ich Schmiere, weil eine meiner Schwestern uns Süßigkeiten klauen wollte. Mit Erfolg.

Und ich liebte Klatschbrötchen. Dafür nahm man ein Brötchen. Das wurde aufgeschnitten und ein Schokokuss – eigentlich hieß er bei uns Kindern Negerkuss –, der kam auf die untere Brötchenhälfte, dann die obere Hälfte obendrauf. Und *klatsch*!

Die typischen mit Reet gedeckten Dächer meiner Heimat liebte ich sehr. Ich fand, die Häuser sahen mit dem Stroh so hübsch aus. Ich malte mir aus, dass es darin nur gemütlich und liebevoll zugehen konnte. Manchmal versetzte es mir einen Stich ins Herz, wenn ich beobachtete, wie andere Kinder nach der Schule in solchen Häusern verschwanden.

Das Haus meiner Eltern war dagegen klein und hatte ein ganz normales Ziegeldach. Der Garten lag hinterm Haus. Meine Mutter und meine Oma bauten Kartoffeln, Bohnen, Erbsen und Möhren an. Ich musste oft Bohnen pflücken. Das war öde. Viel lieber streifte ich durch die Erdbeerbeete. Ihr leuchtendes Rot lockte mich dermaßen, dass ich sie vom Strauch weg in den Mund steckte. Meine Mutter sah das nicht so gern, aber sie schimpfte nur manchmal mit mir. Wenn ich durch den Garten rannte, rief sie jedes Mal hinter mit her: „Pass auf die Quitten auf." Die Sträucher mit den gelben Früchten waren ihr fast heilig. Die schmeckten aber wirklich herrlich. Meine Mutter kochte daraus Marmelade oder weckte sie ein wie Birnen oder anderes Kompott.

In meiner Straße gab es zwei Bauernhöfe mit vielen Schweinen und Kühen. Wenn Kälbchen oder Ferkel geboren waren, lief ich mit den Nachbarskindern in den Stall und bestaunte die süßen Tiere. Auf der Koppel gegenüber von unserem Haus weideten Pferde und Ponys. Und manchmal durfte ich auch auf einem Pony reiten. Ansonsten lockte ich die Pferde mit Möhren oder Äpfeln an den Zaun. Dann wuschelte ich ihre Mähne oder hielt meinen Kopf so nah an die Nüstern, dass ich ihren warmen Atem im Gesicht spüren konnte.

In der Nachbarschaft lebten viele Kinder. Bei Wind und Wetter waren wir draußen. Im Herbst ließen wir Drachen steigen, und im Winter fuhren wir mit unseren Gleitschuhen auf einem zugefrorenen Graben. Im Sommer kletterten wir auf Bäume, pflückten Kirschen oder waren von morgens bis abends im Schwimmbad. Wenn es warm genug war, schliefen wir nachts im Zelt im Garten. Schlafsack, Taschenlampe und mein abgewetzter Teddy: Mehr brauchte ich nicht. Und das Allerbeste daran war, dass meine Mutter nicht dabei war. Nur meine Schwestern und manchmal der kleine Sohn von einem Arbeitskollegen meines Vaters.

Die Straßen in unserem Dorf waren breit und für uns Kinder wie ein großes Spielzimmer. Wir kullerten mit Murmeln, schlugen Kreisel oder malten mit Kreide. Oder wir sprangen Gummitwist, spielten Völkerball und sausten mit dem Bollerwagen die Straße hinunter. Meine Eltern schimpften dann immer. Doch ich liebte die Schnelligkeit und hatte nie Angst, die Kontrolle über den Wagen zu verlieren.

Jedes Jahr gab es im nächstgrößeren Ort einen Jahrmarkt. Das Karussell zog mich magisch an. Schnell, schneller, immer höher musste es gehen. Und der Autoskooter. Da ich kein Taschengeld bekam, waren die Fahrten leider gezählt. Doch ich wusste, wer der Mann mit dem Schlüssel war. Der hatte die Macht über den Autoskooter. Ich tat so, als ob ich ihn besonders mochte, war freundlich und flirtete auf meine kindliche Art wie eine Große mit ihm. Dann wurde er butterweich und schenkte mir ein paar Extrafahrten. Wenn Jahrmarkt war, musste ich montags auch immer zum Zahnarzt. Keine Ahnung, warum. Wenn alles vorbei war, gab mir meine Mutter ein paar Mark, und ich sauste zum Autoskooter.

Meine Eltern waren einfache Leute und eigentlich immer beschäftigt. Geld verdienen. „Wer nicht arbeitet, kommt zu nix", sagten sie immer wieder. Urlaub war für sie reine Geldverschwendung. So waren meine weitesten Reisen im Jahr die nach Köln oder Dortmund zu meinen Verwandten. Mein Vater hielt das Geld zusammen. Er teilte meiner Mutter auch das Haushaltsgeld zu, damit sie nicht ständig „Ramsch" kaufen konnte. Eine Vase hier, Silberbesteck dort.

Mein Vater arbeitete in einer Schreinerei. Direkt neben unserem Haus hatte er noch seine eigene Werkstatt. Sie war sein Reich. Nach der Arbeit oder an den Wochenenden verschwand er dort oft für viele Stunden. Auf Bestellung zimmerte er dann für andere Leute Tische, schwere Schränke und Treppen. Auch die meisten unserer eigenen Möbel waren handgemacht. Und für uns Kinder baute mein Vater Spielsachen. Wie die Stelzen, mit denen wir durch die Gegend stakten, und natürlich den Bollerwagen.

Von der Kriegsgefangenschaft, in der er gewesen war, erzählte er nur wenig. Er war ein ruhiger und schweigsamer Mann, und eigentlich sah ich ihn kaum, sodass wir ohnehin nicht viel miteinander reden konnten. Die meiste Zeit hielt sich mein Vater in seiner Werkstatt auf und schreinerte. Manchmal schaute ich bei ihm vorbei. Immer war ich darauf bedacht, nichts anzufassen. Das hatte mein Vater verboten. Zu Weihnachten spielte er auch manchmal mit seinen Töchtern. Aber nur so zwei Tage, dann war es wieder gut. Doch für mich war es jedes Mal etwas ganz Besonderes. Dann hatte er mal Zeit für uns.

Beim Essen durften wir Kinder keinen Mucks sagen. Da war er streng. Doch auch unsere Eltern sprachen wenig miteinander. Dafür stritten sie viel. Meist ging es darum, dass meine Mutter wieder irgendwelchen Plunder gekauft hatte. Ansonsten hielt sich mein Vater aus den Angelegenheiten daheim meist raus. Er hatte eh nicht viel zu sagen. Gegen meine Mutter kam er einfach nicht an. Eigentlich kuschte jeder im Haus vor ihr. Sie war die Herrin und traf alle Entscheidungen.

Kittelschürze und Haarnetz. Soweit ich mich erinnern kann, trug meine Mutter das die meiste Zeit. Ich kannte sie kaum anders. Außer wir gingen zum Geburtstag zu Verwandten. Dann hatte sie feinere Kleider an und sah nicht mehr so streng aus. Im Grunde war sie eine hübsche Frau mit schönen, lockigen Haaren.

Sie arbeitete als Putzfrau. Zuerst in einem Hotel, später wischte und saugte sie Büroräume. Oder sie machte die Häuser anderer Leute sauber. Meine Mutter war das älteste von neun Mädchen und hat nie eine Puppe besessen. Das sagt zumindest meine Schwester Doris.

Meine Mutter stammte auch aus einem kleinen Dorf. Als junges Mädchen ging sie an den Wochenenden mit ihren Geschwistern oft zum Tanz. Der Bruder meines Vaters schloss sich der Truppe an. Bis zum Tanzhaus mussten sie eine ziemlich weite Strecke laufen. Aber das nahmen sie gern auf sich. Das Tanzbein zu schwingen, war der Höhepunkt am Samstagabend. Eigentlich wollte meine Mutter etwas vom Bruder meines Vaters. Den fand sie toll. Aber er zeigte kein Interesse an ihr. Einmal brachte er zu einer Geburtstagsfeier meinen Vater mit. Er war gerade aus der Kriegsgefangenschaft zurückkehrt und war ziemlich mitgenommen, aber meine Mutter wollte ständig mit ihm tanzen. Vielleicht, um ihn aufzuheitern. Sie liebte das Tanzen. Eigentlich war mein Vater kein wirklich guter Tänzer, aber er machte meiner Mutter die Freude und führte sie über das Parkett. Na ja, und irgendwann begann sie ihn mehr und mehr zu mögen. Beide verliebten sich ineinander. Das war im Dezember 1948. Am 15. März 1952 haben sie dann geheiratet. Es war damals üblich, dass im Dorf die Familien untereinander heirateten. Doch bei meinen Eltern war es keine Zweckehe, sondern Liebe.

Nachdem meine Eltern geheiratet hatten, blieb lange Zeit ein Kind aus. Im Dorf wurde schon gemunkelt, ob meine Mutter wohl unfruchtbar sei. Zwei Jahre später kam die erste Tochter zur Welt, dann die zweite und zehn Monate darauf ein drittes Mädchen. Vier Jahre danach wurde meine Mutter mit 33 Jahren wieder schwanger. Meine Eltern wünschten sich nach all den Mädels endlich einen Jungen. Besonders meine Mutter. Sie hoffte, bangte, sehnte sich nach einem Jungen.

Doch dann kam ich im Februar 1963 auf die Welt. Helma. Wieder nur ein Mädchen.

Kapitel 2
„Die ist zu blöd"

Meine Mutter machte vor anderen Leuten keinen Hehl daraus, dass ihr letztes Kind nicht das war, was sie sich erhofft hatte. „Die ist zu blöd." oder „Man muss sich schämen wegen dir!", das hörte ich als kleines Kind häufig von ihr. Und auch für meine drei Schwestern war ich oft mehr nerviges Anhängsel als geliebtes Nesthäkchen. Nicht selten brach meinetwegen Streit daheim aus.

Wie einmal zu Weihnachten. Ich war vielleicht fünf Jahre alt und bekam ein schreckliches Weihnachtsgeschenk von meinen Eltern: einen Puppenwagen! Den hatte ich mir niemals gewünscht. Ich war so wütend deswegen und hasste ihn wie die Pest. Meine Schwestern hatten viel tollere Sachen erhalten: Ingrid und Doris einen Fernseher, meine älteste Schwester eine Schreibmaschine. Ich nahm das meinen Eltern übel und war eifersüchtig. So eine Ungerechtigkeit!

Wut brodelte in mir hoch. Direkt am ersten Weihnachtstag stieß ich den bescheuerten Puppenwagen die Treppe hinunter. Die sprechende Puppe laberte danach nur noch dummes Zeug. Hinterher erzählte ich, der Wagen sei aus Versehen hinuntergestürzt. Ganz zufällig ging dann auch der Fernseher meiner Schwestern kaputt.

Und auch das neue Puzzle, das Ingrid gleich zusammengesetzt hatte, war plötzlich wieder in alle Einzelteile zerlegt. Natürlich bekam ich mächtig Ärger, aber trotzdem genoss ich die Genugtuung.

Doris und Ingrid standen sich sehr nahe. Sie teilten sich ein Zimmer, und meine älteste Schwester hatte ein eigenes. Ich schlief mit der Oma, die auch mit im Haus lebte, in einem Ehebett. Umso mehr wollte ich mit meinen Schwestern zusammen sein und bei ihnen mitspielen. „Helma, du nervst", stöhnten meine Schwestern, wenn ich zu ihnen ins Zimmer kam, mit ins Schwimmbad wollte und einfach immer und überall dabei sein musste. Sie ließen mich nicht an sich heran. Das machte mich traurig und wütend zugleich.

Ich hatte natürlich auch Freundinnen. Aber je älter ich wurde, desto lieber spielte ich mit Jungen. Immer seltener wünschte ich mir Spielsachen für Mädchen. Autos und Techniksachen – das machte Spaß. Den Puppen dagegen schnitt ich die Haare ab oder zog ihnen die Kleider aus. Dann lagen sie nackedei herum, und meine Schwestern mussten sie wieder anziehen. Meine Barbiepuppe mochte ich nur, weil sie auch Ken hatte. Da konnte ich Mutter und Vater spielen. Heile Welt.

Meine Oma nähte für mich zwar hübsche Kleider, doch nach und nach wollte ich lieber Hosen statt Röcke tragen. Mit zehn oder elf Jahren bekam ich meinen ersten Bundeswehrparka geschenkt. Klar machte die Jacke mich nicht hübsch und süß, ich wirkte darin derb und jungenhaft. Aber mir war das recht. Uniformen mochte ich sowieso gern. Und Soldaten faszinierten mich besonders, denn die hatten Waffen. Und Macht. Genauso wie Ärzte. In ihren weißen Kitteln bekamen sie Respekt. Mit ihren Spritzen konnten sie den Menschen Angst machen und wehtun.

Bald bastelte ich daheim nur noch an Technikspielzeug, baute Kräne und spielte mit der Eisenbahn meines Vaters. Manchmal wünschte ich mir, ich könnte ein Junge sein. Dann würde meine Mutter mich bestimmt lieb haben.

Mit den anderen Kindern in meiner Straße gab es auch immer mal wieder Zank. Zum Beispiel mit Wolfgang, einem Nachbarsjungen. Der nervte! Ich und einige Mädchen haben Wolfgang mal gehänselt.

Der war dann eingeschnappt und rannte weg. Uns Mädchen kümmerte es nicht. Plötzlich kam Wolfgang hinter uns hergerannt und brüllte irgendwas. Als ich mich zu ihm umdrehte, sah ich wie in Zeitlupe einen Stein auf mich zukommen. Hart schlug er gegen meine Stirn. Blut lief über mein Gesicht. Die anderen schrien: „Du blutest, Helma, du blutest!" Ich stand wie versteinert da. Dann löste ich mich aus der Starre und schrie wie am Spieß. Meine Mutter, wie immer in Kittelschürze, kam aufgeregt die Straße hochgelaufen und presste karierte Geschirrtücher auf meine Stirn.

„Du plärrst mir noch die ganze Nachbarschaft auf die Straße", schimpfte sie. „Sei still!"

Doch ich hörte nicht auf zu schreien. Dann schlug meine Mutter mir mit der flachen Hand aufs Hinterteil. Ich verstummte im Nu. Keinen Mucks gab ich mehr von mir, sondern schluchzte nur noch leise vor mich hin. Meine Stirn tat weh, aber ich wusste, dass jedes weitere Heulen meine Mutter noch wütender machen würde.

Und dieses Mal hatte ich ja noch Glück gehabt: Die Prügel gingen nicht ins Gesicht, und es war nur ihre Hand, die zugeschlagen hatte.

Kapitel 3

Strammstehen

Von allen Fächern in der Grundschule waren Handarbeit und Deutsch meine liebsten. Aufsätze zu schreiben, das mochte ich unheimlich gern. Dann erzählte ich von meinen Ferien oder was auf dem Bauernhof so alles passierte.

Aber auf die Schule selbst hätte ich gern verzichtet. Bevor der Unterricht begann, musste die ganze Klasse jedes Mal strammstehen. Wir traten neben unsere Holztische, und wenn der Pauker in den

Raum kam, plärrten wir: „Guten Morgen, Herr Lehrer!" Dann mussten wir singen und beten, und erst danach durften wir uns auf die abgewetzten Holzstühle setzen. Wenn die Lehrer Aufgaben an die Tafel schrieben, quietschte die Kreide. Das jagte mir immer eine Gänsehaut über den Rücken.

Zwei der Lehrer hasste ich regelrecht. Disziplin und Gehorsam war durch die Bank das oberste Gebot im Unterricht, doch diese beiden waren besonders streng und brutal. Wer auffiel, wurde zwar auch von anderen Lehrern schon mal an den Haaren oder Ohren gezogen, aber die strengsten Pauker warfen auch mal ihren Schlüsselbund nach frechen Schülern. Ich bekam ihn so oft ab, dass ich Bonuspunkte hätte sammeln können.

Als Schüler machten wir uns öfter einen Jux daraus, von innen die Klassentür zuzuhalten, damit die anderen Schüler nicht reinkamen. Klar, dass ich der Oberdrücker war. Einmal hielt ich mit aller Kraft gegen, als von draußen die Tür dermaßen heftig aufgerissen wurde, dass ich fast aus den Latschen gekippt wäre. Schock! Da stand ein Lehrer. Wir stoben auseinander, doch er war schneller. Er warf seinen Schlüsselbund und traf mich mit voller Wucht am Kopf. *Autsch!* Das tat richtig weh.

Was die zwei strengen Lehrer besonders gern mochten, war der Rohrstock. Der schmerzte am meisten. Die Finger brannten, wenn sie damit über meine flachen Hände zwiebelten. Meist bekamen wir Schüler ihn ab, wenn wir ungehorsam waren oder in den Unterricht reinriefen, ohne uns vorher zu melden. Der Stock hinterließ blaue Flecken und Blutergüsse. Wenn ich daheim meiner Mutter meine Hände vorhielt, zeigte sie wenig Mitleid. „Das geschieht dir ganz recht", sagte sie nur. Manchmal legte sie sogar noch nach und gab mir einen Schlag gegen den Hinterkopf.

Unsere Lehrer führten eine Art Strichliste, wie oft sich jemand im Unterricht meldete und auf ihre Fragen antwortete. Da gab es ein Mädchen in meiner Klasse, die aus einer angesehenen Familie im Ort stammte. Inge war schlau, aber sie meldete sich kaum. *Die kennt doch die Antwort, wie viele Bundesländer Deutschland hat,* wunderte ich mich jedes Mal, wenn der Arm des Mädchens wieder unten blieb. Dem

Lehrer, der besonders gern mit dem Stock unterrichtete, wurde es langsam zu bunt. *Reine Schikane! Das Gör! Na warte!*

An einem Tag, als Inge wieder einmal nicht auf die Frage unseres Lehrers antworten wollte, hechtete der zu ihrem Tisch und riss ihren Arm hoch.

„Warum meldest du dich nie?“, herrschte er sie an.

Wieder konnte er keinen Strich auf seiner Liste machen. Der Trotz des Mädchens war ihm unerklärlich, und er ärgerte sich außerordentlich. Doch Inge verschränkte nur die Arme und schürzte die Lippen. Jetzt reichte es. Der Lehrer zog den Stock hervor und hieb ihr die Hände blutig. Weinend rannte das Mädchen aus der Klasse nach Hause. In den nächsten Tagen saß ihr jüngerer Bruder mit im Unterricht und meldete sich für sie. Ich fand die ganze Sache sehr seltsam und irgendwie blöd von dem Mädchen. Sie hätte doch nur tun müssen, was der Lehrer wollte. Dann hätte es auch keine Schläge gegeben – oder nur wenig. Das wusste ich ja von daheim. Aber der Mut des Mädchens, sich gegen den Lehrer zu stellen und ihren Willen durchzusetzen, beeindruckte mich sehr.

Wenn ich von der Schule heimkam, machte ich meine Hausaufgaben in der Küche. Oft saß meine Schwester Doris mit am Tisch. Doris ging auf eine besondere Schule, die hatte den Spitznamen Brettergymnasium. Wie Brett vorm Kopf oder Dummschule. Lange Zeit wusste ich nicht, was das bedeutete, und daheim redeten wir nicht darüber.

Meine Mutter half uns nicht bei den Schulaufgaben. Ihr reichte es, wenn die Aufgaben erledigt waren und wir die Hefte und Bücher schön sauber hielten. Sie hatte wenig Geduld mit Doris, die nicht schnell genug lesen konnte und immer wieder im Satz stockte. Einmal stand meine Mutter am Herd und rührte im Kochtopf. Genervt sah sie zu Doris hinüber, die ihre Hausaufgaben am Küchentisch machte. Mit eingezogenem Kopf und zusammengepressten Lippen malte Doris immer wieder einen Buchstaben aufs Blatt Papier. Doch die Schleife vom *R* wollte einfach nicht schön genug gelingen. Den ganzen Nachmittag übte sie schon. Mir tat meine Schwester leid. Die Schimpferei unserer Mutter setzte sie noch mehr unter Druck.

„Hilf ihr“, herrschte meine Mutter mich an.

Schnell rutschte ich zu Doris hinüber und malte das *R* in meiner besten Schrift vor. Doch auch das half nichts. Bei Doris sah das *R* weiter krakelig aus.

„Bist du blöd, oder was?“ Ungeduldig knallte Mutter den Deckel auf den Topf und schlug Doris auf den Hinterkopf.

„Aber sie kann es einfach nicht, Mama“, verteidigte ich meine Schwester. *Klatsch!* Da hatte ich schon den Handabdruck meiner Mutter auf der Wange.

„Du, halt die Schnauze“, keifte sie wütend.

Doris und ich zogen die Köpfe ein. Wir wussten, dass wir unserer Mutter jetzt besser nicht widersprechen sollten. Andernfalls hätte ihre Hand auf den Kühlschrank gegriffen, und es wäre Schlimmeres passiert.

Kapitel 4

Immer nur im Weg

Durch Blicke. Durch abschätzige Bemerkungen. Immer wieder spürte ich, dass meine Mutter mich nicht mochte. Sogar vor anderen Leuten machte sie mich schlecht: „Die taugt zu nix!“ Manchmal warf sie auch Gegenstände nach mir. Und sie fand es gut, dass die Lehrer den Rohrstock zur Hand nahmen, um den Kindern Benehmen und Gehorsam beizubringen. Recht so, meinte sie, wenn ich mich bei ihr über die Lehrer beklagte. Ohrfeigen, Fußtritte, Faustschläge waren ja auch daheim an der Tagesordnung.

Wie ein verlängerter Arm meiner Mutter lag die Fliegenklatsche immer griffbereit auf dem Kühlschrank. Die ging meistens aufs Ohr. Doch sie hatte noch andere Hilfsmittel. Den Kochlöffel zum Beispiel. Nicht nur einmal zerbrach der unter den Hieben, und auch der Teppichklopfer franste mit der Zeit aus. Doch am schlimmsten war der eiserne Schürhaken. Der ging meistens gegen die Beine oder auf den Kopf und riss blutige Stellen in meine Haut. Auch meine Schwestern bekamen die lose Hand unserer Mutter zu spüren, doch bei mir war es besonders oft.

An guten Tagen schaffte ich es, schnell vor der Mutter wegzurennen. Dann versteckte ich mich unter dem großen Ehebett in Omas und meinem Zimmer. Ich kroch bis in die Mitte, wo meine Mutter nicht mit der Hand hinreichte. Verängstigt lag ich dort manchmal stundenlang. Mein Herz schlug so laut, dass ich es hören konnte. Zitternd lauschte ich angestrengt, ob sie nicht draußen vor der Tür auf mich wartete. *Ist sie weg? Nein, warte noch!*, überlegte ich dann. *Was habe ich eigentlich getan? Ich muss besser aufpassen; darf sie nicht wütend machen. Aber ich habe doch gar nichts getan! Ach, wenn doch die Oma endlich käme.* Manchmal schlief ich über all dem Grübeln auch ein.

An schlechten Tagen, wenn ich nicht schnell genug war, ließ ich die Prügel über mich ergehen. Es spielte keine Rolle, ob ich etwas angestellt hatte, ungehorsam war oder einfach nur zur falschen Zeit am falschen Ort. Sosehr ich mich auch anstrengte, der Mutter war jede Gelegenheit recht, mich zu bestrafen. Irgendwie war ich ihr immer im Weg.

Nicht selten gab ich mir dafür auch selbst die Schuld, wenn meiner Mutter wieder einmal die Hand juckte. *Sie hätte halt lieber einen Jungen gehabt.*

„Da kommt das Gör, das ein Junge werden sollte“, stellte meine Mutter mich immer vor. Im Wohnzimmer, vor fremden Leuten. Ich war eben nur ein Mädchen. Das missratene Kind. Die Enttäuschung. Ganz gleich, wie sehr ich mich um die Liebe meiner Mutter bemühte: Jede Geste der Zuneigung prallte an ihr ab. Im Handarbeitsunterricht bastelte ich ihr extra Nadelkissen. Oder ich kaufte auf Klassenfahrten kleine Blumenvasen in Souvenirläden.

„Jo, danke!“ Mehr kam meiner Mutter zu meinen Geschenken nicht über die Lippen.

Je älter ich wurde, desto mehr sah ich mich selbst als Störenfried der Familie. Das schwarze Schaf. Schließlich stellte ich wirklich viel Mist an.

Als ich mit den Nachbarskindern aus Jux meinen ersten Joint rauchte, war ich zehn. Der Joint war aus Pferdehaar gedreht. Keine Ahnung, wer die Idee dazu hatte. Es war Sommer, und ich saß mit ein paar Kindern aus meiner Straße auf einer Wiese unter einem Baum. Irgendjemand hatte Zigarettenpapier besorgt, und ich steuerte eine Zigarre von meinem Vater bei. Wir zerbröselten den Tabak, legten eine Bahn auf das Papier und packten die Pferdehaare obendrauf. Die hatten wir zuvor einem Pony vom Hof gegenüber abgeschnitten. Dann drehte ein Junge das Ganze zusammen. Auch wenn es krumm und schief aussah, hatte es dennoch eine gewisse Ähnlichkeit mit einem Joint. Wir fühlten uns richtig erwachsen. Bis jeder einen Zug von dem Teil nahm. Die verbrannten Haare stanken widerlich. Allen wurde kotzübel. Als ich nach Hause kam, war mir immer noch schlecht.

Ich begann schon früh Zigaretten zu rauchen. Menthol-Zigaretten. Meine Mutter merkte es zuerst nicht. Ich feixte nur in mich rein, wenn sie mich nach einem Lakritz fragte.

„Hä, ich habe kein Lakritz."

„Aber du riechst doch danach."

Pah, die merkt nichts. Die Zigarettenschachtel versteckte ich in einer Socke. Die entdeckte sie dann doch eines Tages, und diesmal bestrafte sie mich im Schlaf. Als ich morgens aufwachte, waren meine Haare abgeschnitten.

Ein anderes Mal war ich mit Freunden angeln und vergaß darüber die Zeit.

„So ein Mist, ich bin zu spät", schreckte ich auf, als die Kirchturmuhr zur vollen Stunde schlug. „Die Mutter wird toben!" Schnell stopfte ich die geangelten Fische in die Taschen meines Bundeswehrparkas und hetzte los. Daheim angekommen, beeilte ich mich, ins Zimmer zu meiner Oma zu kommen – und vergaß die Fische in der Jacke, bis sie widerlich zu stinken begannen. Als meine Mutter sie Tage später entdeckte, schrie sie durchs Haus: „HELMA! Sofort her!" In ihrer Hand wackelte schon der Teppichklopfer.

Niemand wagte es, meiner Mutter zu widersprechen und sie aufzuhalten. Jeder in der Familie kuschte. Zwar konnte meine Oma mich nicht vor den Wutausbrüchen ihrer Schwiegertochter bewahren, aber sie tröstete mich immer wieder. Sie kühlte auch meine Wunden mit nassen Tüchern oder strich Salbe auf die Prügelstriemen.

„Jesus hilft dir", sagte sie dann mit sanfter Stimme, wenn ich den Kopf in ihren Schoß legte und weinte.

Abends betete meine Oma für mich. Still lauschte ich ihren Worten. Ihre sanfte Stimme tröstete mich und machte mich ruhig. Ich vertraute ihr. Ich hörte auch gern die Bibelgeschichten, die meine Oma manchmal erzählte. Aber ich glaubte nicht, dass Jesus mir helfen würde. „Da muss ich alleine durch", sagte ich. Schließlich hatte mir Omas Jesus noch nie geholfen.

Unser gemeinsames Zimmer roch nach *4711 Echt Kölnisch Wasser*. Ich liebte meine Oma. Sie sang mit uns Enkelkindern Lieder wie *Auf der Mauer, auf der Lauer* oder *Dat du min Leevsten büst*. Das mochte ich besonders gern.

Mit Doris las Oma viel. Sie hatte Geduld mit meiner Schwester, ganz gleich, wie oft sie beim Lesen stockte und Wörter nicht richtig aussprach. Sie machte auch viel Handarbeiten mit uns Mädchen. Bei den Lochstickereien sah ich zu, wie sie mit der Nadel den Faden durch den Stoff zog und das Loch fest umnähte. Manchmal häkelte Oma kleine Deckchen, die später im ganzen Haus auf Kommoden und Nachttischen lagen.

An meiner Bettseite stand ein Schränkchen, das mein Schreibtisch wurde, nachdem ich in die Schule gekommen war. Auf der anderen Bettseite stand ein alter Sessel. Darin las meine Oma die Bibel und betete. Jeden Sonntag ging sie in die Kirche. Als Kind musste auch ich mit, aber der Gottesdienst langweilte mich. Außerdem wunderte ich mich über die Leute. Keiner zog seine Jacke aus, und die Männer trugen Hüte. Das ständige Aufstehen, Hinsetzen, Aufstehen, Hinsetzen nervte mich. Und was der Pfarrer von der Kanzel predigte, verstand ich nicht. Das waren für mich zu schwierige Wörter und seltsame Sätze. Manchmal hüstelte ich absichtlich laut, um zu stören. Dann stieß Oma mir den Ellenbogen in die Seite. Zwar sagte sie es nie mit Worten, aber ich wusste, dass meine Oma mich auch lieb hatte.

„Aber der Mama bin ich völlig egal", sagte ich oft. „Ich bin eben nur das Gör, das ein Junge werden sollte."

Kapitel 5

Überall Pisse

Wieder nass! Der Uringeruch hatte sich schon im ganzen Zimmer ausgebreitet.

„Ich habe es nicht gemerkt", flüsterte ich meiner Oma ängstlich zu, als ich morgens aufgewacht war. Aber da stand meine Mutter schon im Zimmer. Zornig stürmte sie auf mich zu. Ihre Stirn lag in Falten, und die Lippen hielt sie fest aufeinandergepresst. Hart packte sie mich im Nacken und drückte mich mit dem Gesicht ins vollgepisste Laken.

„Das machst du mit Absicht, du Miststück", hörte ich sie keifen.

„Nein, ich wollte das nicht, Mama. Ich habe es nicht gemerkt", wimmerte ich.

„Nun lass doch", bat meine Oma und stand hilflos daneben. Sie wagte nicht, sich gegen ihre Schwiegertochter zu stellen. Immer wieder drückte Mutter meinen Kopf in die nasse Matratze. Pisse klebte an meinen Lippen, in der Nase, in den Haaren. Ich ekelte mich und weinte. Dann ließ Mutter von mir ab. Ich rappelte mich auf und schluchzte mit bebenden Schultern. Rotz verschmierte mein Gesicht. Hastig zog ich das nasse Laken ab und brachte es mit eingezogenem Kopf in die Waschküche. Ich schämte mich sehr. Wieder hatte ich die Mutter enttäuscht. *Solch ein Kind kann man ja auch nicht lieb haben*, sagte ich zu mir selbst.

Seit ich fünf Jahre alt war, musste ich in einer Gummihose schlafen. Doch die hielt auch nicht dicht. Fast jede Nacht machte ich ins Bett. Tagsüber hatte ich das besser im Griff. Wenn ich in der Grundschule schnell meinen Arm in die Luft warf, wussten die Lehrer Bescheid: Helma muss aufs Klo. Aber nachts sickerte es unaufhaltsam durch das Baumwolllaken in die Matratzen. Der Uringeruch im Zimmer war schon bis in alle Sachen gekrochen. In meinem Bett lagen drei einzelne schwere Matratzenteile hintereinander. Eine davon war meistens nass. Die vollgemachte Matratze aus der Mitte wurde dann nach unten gelegt. Manchmal schaffte ich es, morgens das nasse Laken flink in den Schrank zu stopfen.

„Schnell, damit sie nichts merkt", eilte ich mich.

Natürlich fand Mutter die stinkende Bettwäsche, und es setzte Schläge.

Wegen der Bettnässerei durfte ich nie woanders schlafen. Ich wollte gern einmal bei meiner Freundin übernachten, die gleich nebenan wohnte.

„Nee, das geht nicht", sagte meine Mutter dann zu ihr. „Die pisst nachts immer ein."

Ich habe mich geschämt vor dem Mädchen. So sehr geschämt. Vor dem Einschlafen nahm ich mir vor, diesmal besser aufzupassen. Jede Nacht schlief ich mit Angst ein. Angst vor dem Einmachen. Angst vor dem Morgen danach. Den Schlägen und Beschimpfungen und dem Pissgestank auf meinem Gesicht.

Um mich zu trösten, erzählte meine Oma mir manchmal im Bett die Bibelgeschichte von Lazarus. Sie sprach dann von einem Mann, der gestorben war. Vier Tage lang lag er im Grab. Sein Körper stank fürchterlich. „Und dann ist Jesus gekommen", sagte meine Oma und schaute mich mit einem liebevollen Blick an, „und Jesus weckte Lazarus vom Tod wieder auf." Dann strich sie mir eine Strähne hinters Ohr und griff unter mein Kinn. „Und Jesus will auch dir helfen." Den Sinn der Geschichte verstand ich überhaupt nicht. *Was hat der stinkende Mann denn mit mir zu tun? Ich bin ja nicht tot.* Aber es beeindruckte mich, dass sich Jesus um Lazarus kümmerte, obwohl er so eklig gerochen hatte. Das hat sich mir tief ins Gedächtnis eingeprägt.

Meine Mutter war davon überzeugt, dass ich mit Absicht ins Bett machte, um ihr eins auszuwischen. Etwa aus Wut, weil sie meine Tür, die nachts immer einen Spalt offen stehen musste, zugemacht hatte. Dabei konnte ich meinen kleinen Körper einfach nicht kontrollieren; das glaubte mir nur niemand.

Als ich neun Jahre alt war, gingen meine Eltern doch einmal mit mir zum Arzt. Im Krankenhaus der Kreisstadt wurde nichts Ungewöhnliches festgestellt. Der Arzt meinte, wir sollten in die große Klinik nach Hamburg fahren. Da müssten Spezialisten ran.

Ein paar Tage später fuhren wir mit dem Auto nach Hamburg. Vom Dorf in die Stadt zu kutschieren, war jedes Mal ein großes Ereignis für uns. So richtig in den Urlaub reisten wir ja nie. Höchstens nach Dortmund oder an die Nordsee zu Verwandten. Ich freute mich immer. Aber diesmal war mir auf der Fahrt nach Hamburg mulmig zumute.

Auf dem Klinikgelände angekommen, suchte mein Vater lange einen Parkplatz, deshalb ging meine Mutter schon mal mit mir voraus. Zunächst steuerte sie die Abteilung für Nervenleiden an.

Im Sprechzimmer des Arztes war ich total fasziniert von einem Mobile aus einer Reihe Metallkugeln. Es stand auf dem großen Schreibtisch, hinter dem der Mediziner saß und mit meiner Mutter sprach. Ich hörte gar nicht richtig zu. Dieses Pendelteil hatte es mir angetan. *Was passiert wohl, wenn ich es anstupse?* Gesagt, getan. Die Kugeln klackten aneinander. *Klack, klack, klack.* Sie hörten gar nicht mehr auf. Meiner Mutter gefiel das natürlich gar nicht.

„Fass das nicht an, Helma!“, sagte sie genervt.

Ich schmollte ein wenig und lauschte nun dem Arzt. Der meinte, ich hätte vielleicht eine Störung und würde deshalb immer ins Bett machen. *WAS? Ich bin nicht bekloppt.* Ich begann zu weinen. Im selben Moment stürmte mein Vater ins Zimmer und nahm mich auf den Arm. Meiner Mutter schenkte er nur einen zornigen Blick und eilte hinaus. Sie folgte ihm gelassen.

Auf dem Weg zur Abteilung für Inneres herrschte er sie an. Ein Nervenarzt?

„Was sollte das denn? Die macht ins Bett, sonst nix.“

Dann stritten sich meine Eltern auf dem Flur.

„Es muss halt erst geklärt werden, ob sie nicht doch blöd ist", sagte meine Mutter. „Kann ja sein."

Im nächsten Untersuchungsraum sollte ich drei Liter einer klebrigen Brühe trinken. Die war so eklig, dass ich davon würgen musste. Meine Mutter zischte mich an, ich solle ja alles bei mir behalten. „Ich habe keine Lust, die lange Fahrt noch einmal zu machen."

Im Behandlungszimmer war ich nun ganz allein mit dem Arzt. Meine Eltern warteten draußen. Unsicher und verlegen zog ich mich unten herum aus. Ich sollte mich auf einen Stuhl setzen, den ich zuvor noch nie gesehen hatte. Ich fürchtete mich davor, sträubte mich und fing an zu weinen. Doch es half nichts. Ich musste hinaufklettern und die Beine spreizen. Der Mann im weißen Kittel setzte sich vor mich und sagte schließlich zu seiner Helferin: „So, Schwester, holen Sie die Studenten rein!"

Dann öffnete sich die Tür. Vor Schreck riss ich die Augen auf. Viele fremde Menschen kamen ins Zimmer. Sie stellten sich im Kreis hinter den vor mir sitzenden Arzt und begafften meine Blöße. Alle guckten sehr ernst. Mit großen, kalten, metallenen Geräten fuhr der Arzt in meinen Unterleib. Das tat weh. Meine Finger gruben sich in die Armlehnen. Verängstigt starrte ich an die Decke. Während der Arzt mich untersuchte, erklärte er den Studenten medizinische Sachen, von denen ich kein Wort verstand. *Was ist mit mir nicht in Ordnung?* Ich wusste nicht, was das alles zu bedeuten hatte. Dann sollte ich meine Blase entleeren.

„WAS? Vor allen soll ich jetzt Pipi machen?", fragte ich ängstlich.

Ich schämte mich, aber tat es. Außerdem stand ich so unter Anspannung, dass ich es sowieso nicht länger hätte aufhalten können. Der Urin brannte auf meiner Haut. Die Schwester fing ihn in einer Metallschüssel auf, die kalt an meine Beine drückte.

Erst später erklärte man mir, dass ich verkürzte Harnröhren hatte und deshalb besonders in Stresssituationen einnässte. Da ich keine Beschwerden hatte, blieb das lange Zeit unentdeckt. 14 Stunden lang wurde ich operiert. Als ich aus der Narkose erwachte und wieder zu mir kam, bekam ich Panik. Aus meinem Bauch hingen viele Schläuche, aus denen Blut tropfte. Der Raum, in dem ich lag, war hochgekachelt und kalt. *Den kann man leicht mit dem Schlauch abspritzen, und alles ist sauber*, ging es mir durch den Kopf. Ich hatte Angst. Und ich war allein.

Neun Monate musste ich im Krankenhaus bleiben. Es war die bis dahin schlimmste Zeit meines Lebens. Ich hatte schreckliches Heimweh. Die Schläge, die Schimpfe, alles hätte ich jetzt lieber gehabt als diese Einsamkeit und Langeweile. Lange Zeit durfte ich nicht aufstehen, und weil ich allein im Zimmer war, vergingen die Tage wie im Schneckentempo. Alles war so fremd, und kaum jemand beschäftigte sich mit mir. Nur ganze drei Mal kamen meine Eltern mich mit meinen Schwestern in dieser Zeit besuchen. Die 100 Kilometer vom Dorf in die Stadt waren für sie ein weiter Weg.

Nur eine Krankenschwester kümmerte sich mehr als üblich um mich. Schwester Gabriele mochte mich, das spürte ich. Und ich tat ihr leid. Als ich wieder herumlaufen durfte, nahm sie mich ab und zu mit zu sich nach Hause. Dann kochte sie mir Kakao, und wir spielten gemeinsam mit meinen Barbies. Mit ihrer Nähmaschine schneiderte sie mir Kleider für die Puppen. Am liebsten mochte ich die schwangere Barbie. Die hatte am Bauch eine Klappe, und wenn man die aufmachte, konnte man mit den Fingern Zwillinge herausnehmen.

Abends brachte mich Schwester Gabriele zurück ins Krankenhaus. Immer wenn ich sie sah, fragte ich, ob ich nicht einmal wieder mit zu ihr nach Hause dürfe. Sie allein machte mir die Monate im Krankenhaus erträglich.

Einmal in der Woche kam ein Arzt wieder mit Studenten in mein Zimmer. Ich hasste das. Sie guckten mich alle so unfreundlich an. Eine Krankenschwester legte die Wunde frei, und wieder lag ich nackt vor diesen vielen Fremden. Es kam zu Komplikationen. Die Wunde wollte nicht abheilen. Sie nässte sehr, und es bildete sich ein Loch. So groß wie ein 5-Mark-Stück. Wenn ich gewollt hätte, hätte ich meinen Finger reinstecken können. Das tat ich aber nicht.

Um die Weihnachtszeit wurde ich schließlich entlassen. Ich konnte es kaum erwarten. Endlich nach Hause! Besonders meine Oma hatte ich vermisst. Und natürlich die alljährliche Überraschung. Die durfte ich auf keinen Fall verpassen.

Jedes Jahr einige Wochen vor Weihnachten war plötzlich unser Puppenhaus verschwunden. Obwohl ich mich lieber mit Kränen und Eisenbahnen beschäftigte, war mir das Puppenhaus doch mit das Liebste. Ich spielte dann heile Familie, kochte für die Puppenkinder und legte sie abends schlafen.

„Das Puppenhaus habe ich verbrannt", sagte mein Vater in der Adventszeit stets zu uns Mädchen. „Ihr spielt eh nicht mehr damit." Klar waren wir traurig, denn wir wussten nie, ob er es diesmal nicht doch getan hatte.

Aber auf meinen Vater war Verlass. Natürlich hatte er das Holzhaus frisch tapeziert, und die neue Dachfolie funkelte im schönsten Ziegelrot. Als die Puppenstube zu Weihnachten wie immer auf dem Rollwagen unterm Weihnachtsbaum stand, war ich ganz aus dem Häuschen. Mit leuchtenden Augen schaute ich mir die einzelnen Zimmer an. Auf zwei Etagen lebte dort eine glückliche Puppenfamilie. In den Blumenkästen auf dem Balkon blühte es. Das neue alte Puppenhaus ließ die schreckliche Zeit im Krankenhaus in mir für einen Moment verblassen.

Von jetzt an machte ich nicht mehr jeden Tag ins Bett. Langsam verging auch meine Angst vor dem Morgen danach. Jede Nacht weckte mich meine Oma, um mit mir auf die Toilette zu gehen. 20 Tabletten musste ich täglich nehmen, und Vater puderte jeden Abend in das Loch. Er hatte nämlich die ruhigste Hand in unserer Familie. Noch immer hatte sich die Wunde nicht verschlossen. *Das kann doch nicht normal sein*, wunderten sich meine Eltern und beschlossen: „Jetzt kann nur noch der Opa helfen."

Dick eingemummelt fuhren wir, ein paar Wochen nachdem ich aus dem Krankenhaus entlassen worden war, zum Vater meiner Mutter. Meine Großeltern lebten in Friedrichstadt. Der Kurort war bekannt für seine großen Grachten. Auf den Kanälen fuhr mein Opa mit uns Enkeln oft Tretboot. Er besaß auch ein eigenes kleines Boot. Gerade einmal zehn Meter vom Haus meiner Großeltern war das Wasser. Ich liebte es, bei meinem Opa mit im Boot zu fahren. Er trug immer eine Schiffermütze, war klein und früher einmal Schmiedemeister gewesen. In seiner Werkstatt am Haus lagen noch die Werkzeuge, mit denen er auch Pferde beschlagen hatte. Neugierig betrachtete ich alles, während ich durch die Werkstatt streunte. Anders als bei meinem Vater durfte ich einige Sachen auch mal anfassen. Die Hufeisen lagen echt schwer in der Hand.

„Die bringen Glück", sagte Opa immer zu mir.

Wenn ich mit meinen Schwestern bei den Großeltern zu Besuch war, schliefen wir alle vier in einem Schrankbett. Abends wurde das riesige Teil aus der Versenkung geholt, und wir kuschelten uns in die Kissen.

Das Plumpsklo lag über den Hof, und meine Oma stellte uns immer einen Nachttopf neben das Bett. Der war besonders wichtig für mich. Wenn meine Großeltern abends über ihrem Topf hingen, machten sie ächzende Geräusche. Wir Mädchen verhielten uns dann immer ganz still. Das war genauso gruselig wie das laute Schnarchen der beiden.

„Der Opa wird jetzt für dich beten, und wenn du alles richtig machst, geht das Loch wieder zu", erklärte mir meine Mutter während der Fahrt. „Aber dass du ja nicht mit ihm redest", bläute sie mir ein.

Hä, nicht mit dem Opa reden? Nicht mal „Guten Tag" sagen? Das verstand ich alles nicht. Ich grub meinen Kopf tiefer in die Winterjacke und schaute zur Seite aus dem Fenster. Mir war mulmig. Irgendetwas Geheimnisvolles würde jetzt passieren.

Als wir ankamen, saß mein Opa im Wohnzimmer in seinem Sessel. Bedacht, keinen Mucks von mir zu geben, ging ich auf ihn zu. Die ganze Situation erschien mir so seltsam. Zögerlich zog ich meine Hose herunter, und mein Opa beguckte sich die Stelle. Dann brummelte er irgendetwas vom Heiligen Geist. *Was sagt er da?*, dachte ich verunsichert. Mir kamen seine Worte wie Zaubersprüche vor. Ich schielte zur Decke und ließ das Ganze schweigend über mich ergehen. Ich durfte ja nicht nachfragen. Schließlich bekreuzigte Opa die Stelle und sagte: „Gott wird dich jetzt heilen." Dann musste ich für eine halbe Stunde aus dem Zimmer und setzte mich in die Küche. *Was machen die da drin jetzt noch?* Alles war so komisch. Erst danach durfte ich mit dem Opa sprechen. Es kam mir wie eine Ewigkeit vor, und ich war froh, als es vorbei war.

Obwohl mein Opa die Wunde mit seinen Formeln beschworen hatte, tat sich nichts. Das Loch blieb noch lange Zeit offen. Ich wusste, dass auch meine Mutter solche Beschwörungssachen bei Krankheiten machte. Opa und sie hätten diese Gabe von Gott bekommen, sagte sie mir einmal. Also könnten sie mit gewissen Formeln Warzen, Gürtelrosen, Kälberflechte und so etwas heilen. Bei Mondwechsel klingelten immer mal wieder Leute bei uns zu Hause. Ich öffnete die Tür, denn meine Mutter durfte nun nicht angesprochen werden. Manchmal brachten die Besucher für mich und meine Schwestern Pralinen mit. Sie lächelten uns an und gingen dann schnurstracks ins Wohnzimmer, wo meine Mutter schon auf sie wartete. Zugeschaut bei den Besprechungen habe ich nie. Das durfte ich auch nicht. Die Pralinen legte ich meist irgendwo hin und verzog mich.

Kapitel 6

Neue Freiheit

Meine Zeit in der Hauptschule verlief für mich so lala. Meine Eltern hatten entschieden, dass ich nicht auf die Realschule gehen sollte. Es sei besser, wenn ich in der Hauptschule mit den Nachbarskindern zusammenbliebe. Oft fehlte ich im Unterricht, weil ich zur Kontrolle ins Krankenhaus musste. Vom Sportunterricht war ich auch befreit.

Mathe und Deutsch waren jetzt meine Lieblingsfächer. Englisch hasste ich wie die Pest. Das war mir zu blöd. Ich bekam es einfach nicht hin, dass *th* richtig auszusprechen. Es klang bei mir immer wie ein *d*. *De school*, *de house*, *de doofe Sprache*. „Ich werde eh nie nach England fahren“, sagte ich trotzig, wenn es wieder einmal schlechte Noten gab. Warum sollte ich mich also anstrengen? Vertane Zeit.

Als ich 13 Jahre alt war, zog ich aus dem Zimmer der Oma in den ersten Stock. Die Eltern hatten umgebaut, und ich bekam nun endlich mein eigenes Reich. Das war toll. Zwar liebte ich meine Oma und schlief gern mit ihr in einem Bett, auch wenn sie schnarchte wie ein durchlöcherter Auspuff. Doch jetzt hatte ich vier Wände ganz für mich allein. Das Bettsofa in meinem neuen Zimmer war zum Ausziehen. Jeden Abend musste ich alles dafür wegräumen, aber das war mir die Sache wert.

Es war die Zeit, als ABBA nach *Fernando* auch mit *Dancing Queen* die Charts stürmte. Ich liebte diese Band und auch Harpo. Lief *Movie Star, Movie Star, ah ah ah* … im Radio, drehte ich laut auf und tanzte durchs Zimmer. Dann fühlte ich mich wie ein Star. Alle jubelten mir zu. Ich war beliebt, bekam Blumen und Geschenke. Meine Fans klatschten und hängten sich Poster von mir an die Wand.

Einige Mädchen aus meiner Klasse malten sich jetzt die Augen mit Kajalstift schwarz und trugen Lippenstift. Die Jungs fanden das toll. Ich hielt nichts von dem Mädchenkram und stampfte weiter in Bundeswehrparka und Cordhosen herum. Seit der ersten Klasse trug ich eine Brille, und meine Haare waren kurz; so war es leichter, meine Locken zu bändigen. Auf aufwendige Frisieraktionen hatte ich keinen Bock. Eines meiner Markenzeichen war mein Lederhalsband und mein Nietenarmband. Darauf war ich stolz.

Und doch regte sich in dieser Zeit auch in mir etwas. Ich begann mich für Jungs zu interessieren. Einmal knutschte ich im Heuhaufen mit einem Jungen aus meiner Klasse. Das fand ich gut, weil es heftig im Bauch kribbelte. Doch am nächsten Tag in der Schule wollte der nichts mehr von mir wissen. Kein Wort redete er mehr mit mir. So ein Blödmann. Da fühlte ich mich doof, als ob ich etwas falsch gemacht hatte. Ich mied es, dem Burschen zu begegnen.

In den Ferien bei meiner Tante in Dortmund lernte ich einen anderen Jungen kennen. Den mochte ich auf Anhieb. Heimlich trafen wir uns am Sandkasten und knutschten herum. Als der Sommer zu Ende war, schrieben wir uns noch eine Zeit lang Briefe. Bei mir im Ort gab es noch einen anderen Jungen, der sich auch für mich interessierte. Das fühlte sich gut an. Endlich fand mich auch mal jemand toll. Ich sah damals älter aus als 13 und war ziemlich groß.

In dieser Zeit begeisterte ich mich auch mehr und mehr für Mord und Totschlag. Natürlich nicht im wirklichen Leben. Aber dafür in Büchern. Ich hatte schon immer viel gelesen. *Das Dschungelbuch*, *Konferenz der Tiere*, *Das fliegende Klassenzimmer*. Bei solchen Büchern träumte ich mich als Kind in eine andere Welt. Über die Streiche von *Max und Moritz* lachte ich insgeheim und freute mich, wie die Jungs den Hühnern der Witwe Bolte den Garaus machten oder dem Lehrer Lämpel Flintenpulver in seine Pfeife stopften. Das hätte ich auch gern mal bei meinem Lehrer versucht. Was Max und Moritz sich trauten! Diese Verwegenheit beeindruckte mich.

Meine Schwester Ingrid war in einem Buchclub und bekam jeden Monat ein Buch zugeschickt. Auf diese Weise war auch ich auf dem neuesten Stand und hatte Lesestoff. Oder ich ging in die Bibliothek. Jetzt als Teenager las ich echte Krimis wie *Das Schloss der blauen Vögel* von Konsalik. Und ich stand auf Horrorfilme. Wenn das Blut spritzte und Menschen erschlagen wurden, musste ich manchmal das Licht im Zimmer anmachen, weil die Spannung mich dermaßen packte. Als *Der Weiße Hai* im Kino lief, saßen meine Schwester Doris und ich im dunklen Saal und aßen Chips. Wenn es die Leute vor Spannung nicht aushielten und aufschrien, weil der Hai wie aus dem Nichts angriff, lachten wir jedes Mal laut auf.

In meiner Klasse hatte ich inzwischen einen gewissen Stand. Ich war berüchtigt, denn ich war stark und verschaffte mir Respekt. Wenn mir jemand frech kam, fackelte ich nicht lange. Einem Jungen aus meiner Klasse knallte ich einmal dermaßen eine ins Gesicht, dass ihm die Brille von der Nase flog. Natürlich nur *aus Versehen* trat ich dann noch drauf. Gefürchtet war auch meine Haarbürste mit den kräftigen Borsten aus Draht. Ich trug sie immer griffbereit in meiner Hosentasche. Wer mir blöd kam, dem zog ich die Bürste über den Kopf. Oder ich schleuderte sie quer durch den Raum wie ein Wurfgeschoss. Die Bürste wurde sozusagen meine erste Waffe. Wer mich nervte, bekam eins drauf. Zickte ein Mädchen herum, hatte sie die Borsten im Gesicht. Wenn ihr dann das Blut herunterlief, kümmerte mich das wenig. Insgeheim freute ich mich über die Schmerzen der anderen. Außerdem schlugen einige Klassenkameraden nicht minder schnell zu. Da hieß es höllisch aufpassen und schnell sein, denn ich musste mich schließlich behaupten.

Unter den Jungs war es in den Pausen jetzt üblich, am Hals der Mädchen zu saugen und ihnen Knutschflecken zu verpassen. Einmal wollten ein paar Jungs auch mich bearbeiten. Sie packten mich, hielten mich fest und drückten mich auf die Schulbank. Pah, *ihr* Fehler. Die hatten sich das falsche Mädchen ausgesucht. Blitzschnell griff ich in meine Hosentasche und zwiebelte ihnen meine Drahtbürste über den Kopf. Sie versuchten es kein zweites Mal.

Mit einigen Klassenkameraden trank ich immer mal wieder heimlich Alkohol. Einmal schwänzten wir als ganze Klasse die Englischstunde, stellten aus Jux die Stühle auf die Tische, versteckten unsere Taschen und rannten in das Wäldchen hinter der Schule. Irgendwer hatte Wein besorgt. Die Flaschen wurden reihum gereicht. Ohne das Gesicht zu verziehen, kippten wir den Wein runter. Keiner wollte als Schwächling gelten, sondern genauso cool sein wie die anderen. Beduselt gingen wir nach der Stunde in die Schule zurück.

Dafür gab es für alle einen blauen Brief nach Hause. Es kamen auch Benachrichtigungen an meine Eltern wegen Rauchens an der Schule oder unerlaubtem Verlassen des Unterrichts. Jedes Mal wusste ich, was mir daheim blühte. Klar hatte ich Muffensausen auf dem Heimweg, aber im günstigsten Fall setzte es nur einen Schlag. Außerdem hatte ich begonnen, mich auf meine Art zu wehren. Wenn meine Mutter wieder einmal ausrastete, duckte ich mich und presste die Lippen aufeinander. Ich wollte keine Schwäche zeigen. Und schon gar keine Schmerzen. Kein Mucks sollte ihr Genugtuung geben.

Vor anderen redete ich nicht darüber, was bei uns daheim los war. Das kam mir gar nicht in den Sinn. Schließlich hatte ich keine sichtbaren Wunden oder Verletzungen. Von daheim abzuhauen, daran dachte ich eigentlich auch nie. Das hier war schließlich meine Familie, mein Zuhause. Ich kannte es nicht anders. *Bei all dem Bockmist, den ich baue*, fragte ich mich oft, *habe ich die Schläge nicht auch verdient?*

Als Dreizehnjährige schmeckte ich auch das erste Mal den Rausch der Geschwindigkeit. Unser Nachbar war ein echt cooler Typ. Achim fuhr eine *Kawasaki Z1000*. Schon oft war ich um ihn herumgeschlichen, wenn er an dem Motorrad bastelte. Ich ging mit auf die Knie, wenn er an irgendetwas herumschraubte.

„Wie schnell fährt die Maschine?", wollte ich von ihm wissen. „Und wozu gehört das Teil? Was kannst du damit machen?"

Ich löcherte Achim mit Fragen und bewunderte ihn. Wie leicht er mit der schweren Maschine vom Hof rollte, faszinierte mich ungemein. Gern wäre ich einmal mitgefahren. Eines Tages war es so weit.

„Helma, willste mit?", fragte Achim mich augenzwinkernd.

Und ob ich wollte. Stolz hievte ich mich auf den Rücksitz und griff in seine Seiten. Wir fuhren ohne Helm. Ich kippte leicht nach hinten, als er anfuhr. Es ging raus auf den Deich. Ich war tierisch stolz und sah, wie sich die Leute nach uns umdrehten und uns hinterherschauten. Als wir aus dem Ort hinausfuhren, zog Achim an. Der Fahrtwind zerrte an meiner Jacke. Diese Leichtigkeit, der herrliche Sound des Motors raubten mir fast den Atem. In meinem Bauch kribbelte es so heftig wie damals beim Knutschen im Sandkasten. Genau beobachtete ich, wie Achim höherschaltete. Ich gab mir Mühe, alles richtig zu machen. Ich legte mich mit in die Kurven, passte mich an und spürte die gewaltige Kraft, wenn die Maschine beschleunigte. In diesem Moment flogen meine Sorgen mit dem Fahrtwind davon. Ein Hauch von Freiheit umgab mich. Das war der Kick. Ich war angefixt.

Mir ging es nicht darum, auf der Rückbank eines coolen Typen zu sitzen wie eine schicke Tussi. Nein. Von diesem Moment an träumte ich davon, irgendwann selbst solch eine Maschine zu lenken. Eines Tages diese Kraft zu beherrschen, die mir Macht verleihen würde. Mit dieser ersten Ausfahrt war es um mich geschehen. Immer häufiger nahm ich nun heimlich das Mofa meiner Schwester Ingrid aus der Garage und drehte Runden. Das Fahren brachte ich mir selbst bei. So schwer war das wirklich nicht.

Kapitel 7

Eine andere Welt

Bla, bla, bla, blubberte es mir im Konfirmationsunterricht durch den Kopf. *Wie lange dauert das denn noch?* Das geschwollene Geschwafel langweilte mich zu Tode. Den Pfarrer konnte ich sowieso nicht ausstehen. Ich stützte meinen Kopf in eine Hand, kritzelte träge in meinem Schreibheft herum und sehnte das Ende der Stunde herbei.

Auf einmal dröhnte es von draußen ins Klassenzimmer. Alle warfen die Köpfe in Richtung Fenster. Was war da los? Ich machte mich lang, um besser sehen zu können. Auch die anderen Konfirmanden hielt es nicht länger auf den Stühlen, und wir rannten zum Fenster. Ich war eine der Ersten. Draußen fuhren Panzer der Bundeswehr vorbei. *Wie aufregend!* Wir wollten unbedingt nach draußen und uns die Soldaten und Panzer aus der Nähe ansehen. Fasziniert und sehnsüchtig schaute ich der Kolonne hinterher. Sie war offenbar zu einem Manöver unterwegs.

Auch der Pfarrer war ans Fenster gekommen. „Hinsetzen!", befahl er schnell. „Sofort auf die Plätze. Ruhe!"

„O Mann, warum dürfen wir nicht raus?", rebellierte ich.

„Alle wieder hinsetzen, sonst gibt es Einträge", warnte er in scharfem Ton.

„Oh, wie langweilig! Die Soldaten da draußen sind viel cooler. Aber Sie verstecken sich doch bloß hinter Ihrer Kanzel, wenn der Krieg kommt."

Jetzt war der Pfarrer erst richtig verärgert. *Helma! Die schon wieder.* Immer wieder meckerte er an mir herum. Ich würde den Unterricht stören, stänkere in seiner Klasse und hätte absolut keinen Respekt vor ihm. Ich spürte, das Fass war nun übergelaufen. Er hatte es satt.

„Raus! Geh nach Hause!", herrschte er mich an. „Du nimmst nichts ernst. Dich werde ich ganz bestimmt nicht konfirmieren!" Stinksauer war der Pfarrer.

Doch ich rotzte zurück: „Wer nimmt das denn hier ernst? Die machen das alles nur wegen dem Geld. Und außerdem: Bei Ihnen ist es voll langweilig. Die ganze Kirche ist langweilig." Hastig ramschte ich meine Sachen zusammen und fuhr mit dem Fahrrad heim.

„Was willst du denn schon hier?", rief meine Mutter verblüfft aus der Küche.

„Na, der Pfarrer hat mich rausgeschmissen", antwortete ich gelassen und setzte mich an den Küchentisch. *Watsch!* Die Ohrfeige saß. Meine Mutter nahm sich nie die Zeit, meine Version der Geschichte zu hören.

„Du gehst auf der Stelle zurück. Ich will keinen Ärger mit dem Pfarrer. Was sollen die Leute denken?"

„War ja klar, dass die zu dem hält", murmelte ich, als ich lustlos wieder aufs Rad stieg. Alles in mir begehrte auf. Dieses ganze Gequatsche von Gott und seinen lieben Engeln verabscheute ich. Und ich fühlte mich gedemütigt. „Na, der wird sich freuen. Eine Genugtuung wird das sein, wenn ich jetzt angekrochen komme." Ich schnaubte Luft aus wie Dampf, der aus einem Kessel abgelassen wird.

Im Grunde wollte ich ja konfirmiert werden. Ich hatte bereits einen schwarzen Rock und die weiße Bluse. Nur die neuen hochhackigen Schuhe musste ich ins Geschäft zurückbringen. „Du siehst aus wie eine Hure", hatte meine Mutter dazu gesagt. Außerdem gab es ohne Konfirmation keine Geschenke und kein Geld der Verwandten. Und ich wollte doch unbedingt diese rote Motorradlederjacke kaufen, um die ich bereits seit Wochen herumschlich. Ich würde bestimmt absolut cool darin aussehen!

Noch einen Tag vor der Konfirmation bettelte meine Mutter den Pfarrer an, ob er mich nicht doch konfirmieren könne. Die Verwandten seien schließlich schon da. Ein wenig hoffte auch ich, dass er sich umstimmen ließ. *Sonst gibt's kein Geld und keine Lederjacke*, dachte ich. Am Ende gab der Pfarrer widerwillig nach. Also bekam ich in der Kirche von ihm doch noch einen Konfirmationsspruch und ein Gesangbuch mit einer Rose in die Hand gedrückt. Gefreut hat es uns beide nicht. „Na ja, ist ja umsonst, also nehmen wir das Buch mal mit", flüsterte ich dem Mädchen neben mir zu und zwinkerte schelmisch.

Willkommener war mir da das Geld der Verwandten. Es kam genug zusammen für die rote Lederjacke. Den Rest legte ich zur Seite für den Autoführerschein.

Für meine Konfirmationsfeier im Wohnzimmer hatte sich meine Mutter mächtig ins Zeug gelegt. Unter den Massen an Kuchen, Wurstplatten und Käsespießen bogen sich fast die Tische. Wenn die Verwandtschaft zusammenkam, wurde die Gesellschaft jedes Mal ziemlich feuchtfröhlich. Zur Feier meiner Konfirmation durfte auch ich offiziell Alkohol trinken. Mir schmeckten Bier und Apfelkorn. Sie machten meine Gedanken leichter. An diesem Tag war ich das erste Mal in meinem Leben betrunken, doch gestört hat das niemanden.

Mit 15 durfte ich an den Wochenenden nun auch länger ausgehen. Samstags fuhr mich meine Mutter ins *Palazzo*. Die Disco lag 30 Kilometer entfernt. Ich hübschte mich dafür zwar nicht übermäßig auf wie die anderen Mädchen, aber auch ich zog mir durchaus schicke und kurze Röcke an. Geschminkt habe ich mich nicht. Ich fand die Vorstellung ätzend, dass mir beim Tanzen ganz verschwitzt die Farbe übers Gesicht laufen könnte. Grauenhaft!

Pünktlich um eins hatte ich vor der Tür der Disco zu stehen. Dann holte mich meine Mutter wieder ab.

„Wie war's?", fragte sie nie.

Und auch nicht, ob ich einen Freund hatte. Dafür drückte sie mir eines Tages eine Schachtel in die Hand. Die Antibabypille.

„Die nimmst du ab sofort", sagte sie, „damit du Schlampe nicht mit einem Gör ankommst." Schlampe und Hure nannte sie mich von da an öfter.

Ich nahm die Pille. Viele Mädchen, die ich kannte, hatten *es* schon getan. Ich hätte auch gern einen festen Freund gehabt, doch die Jungs in der Disco wollten mich nicht als feste Freundin haben. Die waren nur auf das eine scharf. Ich hätte es ihnen geben können, ließ sie aber abblitzen. Da war ich anders als einige Mädels in meiner Klasse.

Doch zum Glück gab es ja noch eine andere Welt. In der wurde ich akzeptiert, so wie ich war: ungeschminkt, lässig gekleidet und derb im Auftreten. Einzig unter den Bikern fühlte ich mich wohl und verstanden. In der Nähe unseres Hauses trafen sie sich ab und zu oder hingen abends auf dem Dorfplatz ab. Achim, mein Nachbar mit der

Kawasaki, hatte mich mal mitgenommen und mit seinen Kumpels bekannt gemacht. Seitdem fuhr ich häufiger auf Bikertreffen in der Umgebung. Zwar rollte ich nur mit dem Mofa meiner Schwester vor, doch wenigstens fuhr ich selbst. Ich fühlte mich unter den Bikern wohl. Auf einem anderen Gebiet lief es dagegen alles andere als glatt.

Kapitel 8

Ausgeträumt

Nach der Abschlussfeier in der Hauptschule warfen einige Klassenkameraden und ich die Schulbücher und Hefte auf einen Haufen und verbrannten sie. Vorbei. Endlich begann das richtige Leben!

Arzthelferin, das wollte ich nun werden. In knalligen Farben stellte ich mir die blutigen Wunden vor und wie ich sie verband. Die Menschen würden dann zu mir aufsehen, respektvoll und dankbar. Bei schwierigen Patienten würde mich der *Herr Doktor* um Rat fragen und mich loben: „Sie machen eine tolle Arbeit. Ich bin stolz auf Sie. Ohne Sie könnte ich meine Sprechstunde nur halb so gut bewältigen." So malte ich mir die Welt als Arzthelferin aus. Gern hätte ich auch mal in einen aufgeschnittenen Menschen hineingeschaut. Nur um zu sehen, wie die Sehnen und Muskeln verliefen oder das Herz aussah. Faszinierend fand ich natürlich auch den weißen Kittel der Arzthelferinnen. Irgendwie hatte der für mich was von einer Uniform und Macht. Die Macht, Leben zu retten.

Ich stand noch immer auf Uniformen, etwa wie die der Soldaten. Zwei meiner Schwager dienten bei der Bundeswehr. Der eine war Feldjäger und trug eine Pistole und Handschellen bei sich. Normale Polizisten fand ich dagegen ätzend. Unser *Dorfsheriff* war der Feind aller jungen Leute im Ort. Der wusste über alles Bescheid. Wo sich unsere Clique herumtrieb und vor allem, wo ich gerade steckte. Alles tratschte der meinen Eltern weiter. Das nervte! Die Männer von der Feuerwehr hatten zwar auch eine Uniform, aber die soffen mir zu viel.

Also, Arzthelferin, das wäre was. Dann hätte man endlich Respekt vor mir. Meine zweitälteste Schwester Ingrid arbeitete in einer Arztpraxis. Ich verstand mich inzwischen gut mit ihr. Ingrid war kleiner als ich und meine anderen Schwestern. Überhaupt unterschied sie sich sehr von uns. Anders als wir drei Mädels trug sie keine Brille und hatte dunkle Haare. Als Kind hatte sie immer nur mit Doris gespielt. Klar, die beiden hatten sich auch ein Zimmer geteilt. Mich ließen sie in ihren inneren Zirkel nicht rein. Erst als Ingrid ihren Mann Michael kennenlernte, wurde es anders. Ich besuchte Ingrid oft in ihrer eigenen Wohnung und hing bei ihr ab. Es war so toll. Michael mochte ich besonders, weil er ja bei den Feldjägern war und eine Waffe trug. Die beiden hatten auch einmal einen Husky. Oh, wie ich den vergötterte. Ständig hätte ich mit dem rumtoben können. Eigentlich merkwürdig, war ich doch als Kind mehr als einmal von einem Hund gebissen worden.

Doch besonders mit ihrem Temperament war Ingrid anders als wir anderen Schwestern. Wir kamen eher nach unserer Mutter, waren laut, präsent und redeten viel. Ingrid war stiller, zurückhaltender und oft in sich gekehrt wie mein Vater. Sie lachte auch viel leiser und nicht so derb wie ich. Ich mochte sie jetzt wirklich gern. In meinen Augen hatte es Ingrid geschafft. Sie war von daheim weggekommen und hatte sich ein eigenes Leben aufgebaut. Und sie war Arzthelferin! Als ich ein Praktikum in ihrer Praxis machte, half sie mir. Sie erklärte mir viele Dinge und war dabei immer geduldig. Ich wollte so gerne ein wenig mehr sein wie sie. Und vor allem wollte ich Arzthelferin werden.

Ich rechnete fest damit, in ihrer Praxis einen Ausbildungsplatz zu bekommen. Besonders, weil ich ja dort das Praktikum bereits absolviert hatte. Alles würde glattgehen. Da war ich mir sicher. Sogar einen weißen Kittel hatte meine Mutter schon gekauft.

Doch dann kam die niederschmetternde Absage. Die Gattin des Arztes wollte nicht noch eine aus unserer Familie in der Praxis haben. Außerdem hatte sie Bedenken, weil ich ihr zu wild schien. Nach der Absage war ich völlig fertig. So sehr hatte ich mir gewünscht, in die Fußstapfen meiner großen Schwester zu treten. Weltuntergangsstimmung machte sich breit. Ich heulte Rotz und Wasser und war am Boden zerstört. Als Hauptschülerin blieb mir keine große Auswahl an Berufen, die mir obendrein gefielen. Alle anderen aus meiner Klasse hatten schon einen Ausbildungsvertrag ergattert. Nur ich nicht, und ich wollte nicht schon wieder aus dem Rahmen fallen. Also sprach mein Vater noch einmal mit dem Arzt. Doch erfolglos. Der Traum war ausgeträumt.

„Stell dich nicht so an. Jetzt musst du halt was anderes machen", blaffte meine Mutter. Ich merkte jedoch, dass es ihr auch leidtat. „Ich finde schon was für dich", schob sie nach.

Schlachtereifachverkäuferin oder Friseuse: Da würde noch was gehen, sagte sie zu mir. *Na toll, klasse Auswahl!* Ich entschied mich fürs Haaremachen. Die Schlachterei war mir zu kalt. Und außerdem war ich ja durchaus erfahren im Haareabschneiden. Meine Puppen hätten Beifall geklatscht, wenn sie könnten. Meine Mutter ließ ihre Beziehungen spielen und kümmerte sich gleich darum, mich in einem Salon unterzubringen. Noch am selben Tag fuhren wir zu einem Friseur im nächsten Ort, um den Vertrag zu machen.

Doch das war leider ein großer Fehler.

In diesem Salon traf ich auf meine Erzfeindin aus der 9. Klasse. Barbara hatte schon vor einer Woche dort die Ausbildung angefangen. Nun mussten wir also zusammenarbeiten. Ätzend! Ein Albtraum. Meine Rivalin wurde bevorzugt. Barbara hier, Barbara dort. Sie bekam die besseren Arbeiten, und ich musste mich widerwillig beugen. Wie ich das hasste! Barbara gefiel das natürlich. Am liebsten hätte ich eine Drahtbürste quer durch den Salon nach ihr geschleudert oder ihr ordentlich eine reingehauen. Doch ich wagte nicht aufzumucken, aus Angst, die Stelle zu verlieren. Wenigstens trug ich nun einen weißen Kittel, auch wenn ich dabei nur die Haare anderer Leute wusch. 125 Mark sollte ich monatlich verdienen. Und irgendwann machte mir die Arbeit trotz Barbara Spaß.

Im Juni 1978, wenige Tage nach meiner Einstellung, läutete eines Morgens im Salon das Telefon. Mein Chef nahm ab. Seine Miene fiel zusammen, und er sah in meine Richtung. Wenige Augenblicke später legte er auf und ging langsam auf mich zu. Sein Schritt war schwer. Jetzt war mir auch ziemlich mulmig. *Was kommt jetzt*, dachte ich? *Sicher bin ich gekündigt!*

„Du, Helma, zieh dich mal um und fahr nach Hause“, befahl er leise. „Dort ist etwas passiert.“

Das war alles. Mehr sagte er nicht, sondern ging mit geneigtem Kopf zu seiner Kundin. Ich wurde kreidebleich. *Passiert? Was war denn passiert? Ist die Oma gestorben? Oh, bitte, bitte nicht!* Meine Gedanken wirbelten durcheinander. *Los, ich muss heim.* Verstört zog ich meinen Kittel aus und verließ den Salon.

Kapitel 9

Ingrid

Wie in Trance setzte ich mich aufs Mofa. Die wenigen Kilometer nach Hause kamen mir unendlich lang vor. Ich schund das Mofa und reizte es bis zum Äußersten aus. Daheim saßen alle in der Küche und schluchzten. Mama, Papa, meine zwei Schwestern und die Oma. *Gott sei Dank, die Oma lebt.* Nur Ingrid fehlte.

„Was ist los? Wo ist Ingrid?“, fragte ich.

„Ach, Helma“, antwortete meine Oma und schniefte in ein umhäkeltes Stofftaschentuch. Ihre Augen waren rot vom Weinen. „Die Ingrid hatte einen Unfall. Sie ist tot. Aber sie hat nichts gespürt.“

Ihre Worte rauschten an mir vorbei. *Ingrid? Tot? Aber sie hat doch morgen Geburtstag, ihren Zwanzigsten. Sie ist viel zu jung, um zu sterben.* Nein, sie war doch gerade so glücklich, weil sie vor 13 Wochen ihren Michael geheiratet hatte.

„Das glaub ich nicht. Ingrid tot? Wirklich?“

Meine Oma nickte.

Langsam stieg ich die Treppen hinauf zu meinem Zimmer. Ich trat ans Fenster und sah mit leerem Blick auf die Straße. Draußen spielten Kinder. *Für sie ist die Welt noch in Ordnung*, dachte ich. Alles kam mir so unwirklich vor. Ich starrte einfach vor mich hin. Fassungslos. Hilflos.

Während ich gerade die Haare fremder Leute schamponiert hatte, war meine Schwester gestorben. Genickbruch. Sie sei auf der Stelle tot gewesen, hatte die Polizei meinen Eltern erklärt. Ihrer Einschätzung nach habe Ingrid offenbar die scharfe Kurve unterschätzt. Vor dem Bahndamm war sie über einen Hubbel gefahren und ins Schleudern geraten. Frontal prallte sie mit einem Milchlaster zusammen, der auf der gegenüberliegenden Seite stand. Die Polizei hatte die Unfallstelle gesichert und Spuren markiert. Der Krankenwagen war da, die Straße gesperrt. Warteschlangen aus Autos bildeten sich auf beiden Seiten des Bahnübergangs. Die Menschen waren auf dem Weg zur Arbeit. In einer der Fahrzeugkolonnen stand auch meine Mutter. Ein Nachbar kam auf sie zugerannt. „Da liegt deine Tochter im Graben“, rief er aufgeregt durchs Autofenster.

Es hatte an diesem Morgen geregnet, und die Straßen waren rutschig. Auch mein Vater wartete einige Wagen weiter hinten in der Schlange. Er hatte das Auto von Ingrid gleich erkannt.

Am Nachmittag, nur Stunden später, sagte er: „Helma, lass uns zur Stelle fahren.“ Ich war irgendwie erleichtert. Etwas war zu tun.

Doch es zerriss mich fast, als wir am Unfallort ankamen. Autoreifen hatten das Gras niedergedrückt und aufgewühlt. Im Graben fanden wir noch ein paar Sachen aus Ingrids Wagen. Schweigend sammelten wir sie ein.

Unglaublich still kam mir der Ort vor. Kein Vogelgezwitscher. Nur das Rauschen der Bäume. Danach fuhren wir in die Werkstatt, in die Ingrids Auto abgeschleppt worden war. So etwas hatte ich zuvor noch nicht gesehen. Überall war Blut. Blut überall. Hinterher setzte mein Vater mich bei Ingrids Mann Michael ab.

„Reine Vorsichtsmaßnahme, damit er sich nichts antut“, hatte mein Vater mir zugeflüstert.

Michael hockte im Wohnzimmer und weinte leise vor sich hin.

Seine Schultern bebten. Ich wusste nicht, was ich sagen sollte. Also drückte ich ihm leicht die Schulter und ging ins Schlafzimmer. Dort legte ich mich ins Bett und sog den Geruch der Bettwäsche ein. Die Decke roch nach Ingrid. Langsam dämmerte ich weg. Ich weiß nicht, wie lange ich so dagelegen habe, als Michael mich aus dem Schlaf rüttelte. Draußen war tiefste Nacht.

„Helma, ziehe dich an. Wir fahren", flüsterte er.

Noch benommen vom unruhigen Schlaf raffte ich mich auf. *Fahren? Wohin?* Doch ich stellte keine Fragen. Als wir unterwegs waren, wusste ich es. Wir fuhren zum Friedhof.

Vor dem Aufbewahrungsraum der Leichen parkte Michael den Wagen. Drinnen stand der Sarg mit dem Körper seiner Frau. Eine Grabkerze brannte und hüllte den Raum in spärliches Licht. Wie angewurzelte blieb ich vor dem Sarg stehen. Ich war 15 Jahre alt und hatte noch nie einen Toten aus der Nähe gesehen. Die Leichen im Film zählten nicht. Meine Schwester sollte der erste wirkliche Mensch sein.

„Als ob sie schläft", flüsterte ich.

Plötzlich rumste es. Michael hatte den Sargdeckel und die Leichendecke zur Seite geschoben. Er erschrak, als er Ingrids verletzten Körper sah, und schlug schnell die Decke zurück. Wie besessen umklammerte er den offenen Sarg und schrie wie von Sinnen: „Wach wieder auf, Ingrid! Wach wieder auf!"

Auf mich wirkte meine Schwester wie ein schlafendes Kind, das jeden Moment die Augen aufschlagen, aus dem Sarg steigen und mit uns nach Hause fahren würde. Ihre ohnehin schon immer blasse Haut schimmerte wie die einer Porzellanpuppe.

Michael weinte lauthals. Noch nie hatte ich einen Mann so weinen gesehen. Es brach mir das Herz. Doch seine Verzweiflung weckte Ingrid nicht auf.

Mit der flachen Hand wischte sich Michael über die tropfende Nase. Dann zog er einen Fotoapparat aus der Jackentasche und fotografierte seine junge Frau. Immer wieder blitzte der Apparat auf. Nur das Vorspulen des Filmes unterbrach die drückende Stille. Ich saß schweigend auf einer Bank und schaute Michael einfach nur zu. Die Sitzfläche war glatt und kalt.

„Wach doch auf", flüsterte ich. *Wir lieben dich so sehr. Wir vermissen dich. Bitte, bitte steh auf,* flehte ich innerlich.

Die Zeit schien wie eingefroren. Es dämmerte schon, als wir die Halle wieder verließen. Keiner sagte ein Wort. Ich fuhr wieder mit zu Michael. Bis zur Beerdigung standen wir jede Nacht vor Ingrids Sarg. Ich erzählte niemandem davon.

Am Tag der Beerdigung kam meine Schwester Doris gerade von einer Fahrt als Jugendbetreuerin aus England zurück. Ingrid und sie hatten sich sehr nahegestanden. Doris war nur zehn Monate jünger. Man hatte sie in England nicht erreichen können. Als die Fähre anlegte, ließ man sie als eine der Ersten von Bord. Nichtsahnend ging sie auf ihren Freund Horst zu. Sie wunderte sich, dass alle schwarz trugen.

„Wo ist Ingrid? Muss sie arbeiten?", fragte sie.

Michael fing an zu weinen. Erst zu Hause erzählte man ihr die Einzelheiten vom Unfall. Danach ging es direkt zur Beerdigung. Doris hatte kaum Zeit, wirklich zu begreifen, dass Ingrid nie wiederkommen würde.

Am Grab sahen wir unseren Vater das erste Mal weinen. Es war schrecklich. Er tat mir so leid. Nach der Beerdigung wollte ich einfach nur weg. Ich fuhr zu meinen Kumpels und schüttete Schnaps in mich hinein. Ich hoffte zu vergessen.

Kapitel 10

Aus der Finsternis

In den Wochen danach dachte ich an nichts anderes. Auf der Arbeit konnte ich mich kaum konzentrieren. Oft stellte ich mir den Unfall vor. *Ingrid fuhr die Strecke doch so oft. Warum hat sie nicht an den Hubbel gedacht? Ist sie zu schnell gefahren? Hatte sie Schmerzen?* Tausend Fragen gingen mir durch den Kopf. Ich konnte einfach nicht glauben, dass Ingrid für immer fort war. Ihr Tod warf mich völlig aus der Bahn.

Kurze Zeit später erlebte ich selbst meinen ersten schlimmen Mofaunfall. Ich fuhr in eine Kurve, übersah das Auto neben mir und knallte dagegen. Mit dem Mofa schlitterte ich die Straße entlang und schürfte mir die Hände blutig. Als ich benommen liegen blieb, spürte ich plötzlich etwas in meiner Nähe. Ich blinzelte gegen die Sonne. Da war tatsächlich jemand neben mir und betrachtete mich. *Hä, wer ist das denn?* Dann konnte ich klar sehen. Es war Ingrid. *Ingrid? Was ist das denn? Spinn ich? Wie kann das sein?* Doch tatsächlich sah ich meine Schwester direkt neben mir stehen. Sie schaute mich an und streckte die Hand nach mir aus. Ich war wie gelähmt.

„Ingrid! Du bist doch tot." Ich verstand nicht.

Doch ich empfand nun ihre Nähe. Ganz real. Ich hatte schon davon gehört, dass es Menschen gibt, die die Toten sehen können. Aber ich hielt das immer für Quatsch. Doch nun war meine Schwester zu mir zurückgekehrt. Von den Toten. Sie war mir erschienen. Jetzt in diesem Moment stand sie vor mir auf der Straße. Ich brachte kein Wort heraus. *Was passiert hier?*

Dann riss mich der Fahrer des Autos aus meinen Gedanken, und im Nu wurde ich unsanft in die Wirklichkeit zurückkatapultiert.

„Ist alles in Ordnung?", fragte er aufgeregt.

Ich wandte meinen Blick zu ihm. „Ja, ja, mir geht es gut", antwortete ich benommen. Dann sah ich wieder zur Seite. Doch Ingrid war weg. Verwirrt und vor Schmerzen ächzend stand ich auf.

„Ich, ich bin versichert", stammelte ich. „Fahren Sie bitte direkt zum Versicherungsmann im Ort und bitte, sagen Sie nichts meinen Eltern", flehte ich. Der Fahrer nickte.

Von Ingrids Vision immer noch verstört, schob ich das Mofa nach Hause. Es hatte meiner verstorbenen Schwester gehört. Daheim stand schon die Polizei vor der Tür. Ich hatte kaum das Mofa abgestellt, hetzte meine Mutter schon auf mich los und scheuerte mir eine. Ich ertrug es schweigend. Mir tat sowieso alles weh, da machte eine Ohrfeige mehr oder weniger auch nichts mehr aus. Vom Unfall hatte ich starke Prellungen und wollte mich nur noch in meinem Zimmer verkriechen.

Immer noch ganz durcheinander dachte ich: *Ingrid ist zu mir gekommen. Zu mir!* Über ihre Erscheinung sprach ich mit niemandem. Das Erlebnis hütete ich wie einen besonderen Schatz. *Überhaupt, wer würde mir denn glauben?* Für verrückt hätten sie mich erklärt.

Daheim wurde über Ingrids Tod kaum gesprochen. Die Trauer lag schwer auf der Familie. Auch ich litt, denn meine Schwester fehlte mir. Nie wieder würde ich sie in ihrer schönen Wohnung besuchen. Der Wunsch, sie noch einmal bei mir zu haben, sie zu sehen, wurde immer stärker.

Wenn wir an den Wochenenden zur Disco wollten, nahmen wir den kürzesten Weg über den Friedhof. Nachts lungerte ich dort auch häufiger mit den Kumpels herum. Dann aßen und tranken wir neben den Gräbern. Obwohl mir die Vision von Ingrid irgendwie auch unheimlich war, hoffte ich in den Nächten auf dem Friedhof, dass sie mir wieder erscheinen würde. Auf Ingrids Grab lag jetzt eine Steinplatte mit einem eingearbeiteten Kreuz. Wenn die Sonne hoch stand, leuchtete die Platte in einem warmen Braunton. Nachts im Mondlicht war sie kalt und grau.

Obwohl der Friedhof auf mich bedrohlich wirkte, wollte ich Ingrids Nähe noch einmal spüren. „Nicht, dass die jetzt alle aus den Särgen wieder aufstehen“, witzelte ich und gruselte mich bei diesem Gedanken.

Ein paar Wochen später lernte ich auf dem Friedhof einige Typen kennen. Sie sprachen darüber, dass sie ab und zu Sachen wie Tischerücken oder Pendeln machten. Nicht lange danach hing ich mit ein paar meiner Kumpels bei einem dieser Typen ab. Seine Eltern waren nicht zu Hause. Bier und Apfelkorn machten die Runde. Alle wussten vom Tod meiner Schwester und wie sehr ich trauerte.

„Könnt ihr sie holen?“, fragte ich plötzlich in die Runde. „Könnt ihr das?“

„Klar können wir das“, antworteten die Jungs selbstbewusst.

Wir waren an diesem Abend etwa zu zehnt. Kerzen wurden angezündet und ein runder Tisch zurechtgerückt. Dann legten wir alle unsere Hände auf die Tischplatte. Die gespreizten Fingerspitzen berührten einander und bildeten einen geschlossenen Kreis. Stille. Niemand sagte ein Wort. Dann rief einer der Jungs, die Finsternis solle Ingrid jetzt herausgeben. Ihre Schwester Helma würde sie gern sehen. Mir lief es eiskalt den Rücken hinunter. Ich fürchtete mich. Stille. Plötzlich ruckelte der Tisch. Es war wie ein Poltern. Ich dachte, die Kumpels machten Scherze und wackelten mit ihren Beinen selbst am Tisch. Also beugte ich mich nach unten, um nachzusehen.

„Helma, nicht den Kreis verlassen", zischte der Typ neben mir.

Für einen Moment hatte ich meine Hände weggezogen und damit den Kreis unterbrochen. *Pah, was für ein Quatsch*, dachte ich, vom Schnaps beduselt. Doch dann erstarb das Grinsen auf meinem Gesicht. Tatsächlich hatte ich eine Erscheinung. Auf einmal stand Ingrid wieder vor mir.

„Das gibt es doch nicht", murmelte ich. „INGRID!", rief ich jetzt laut.

Dann war das Bild weg. Die anderen schauten mich verwundert an. Sie hatten offenbar nichts gesehen. Mir wurde es unheimlich. *Was geht hier ab? Können Tote wirklich wiederkommen ins Reich der Lebenden? Wie im Film. Krass!* Echt gespenstisch kam mir das Ganze vor. Ich spürte, dass diese Sache kein Spaß war, und wollte nie wieder bei solch einem Spiel mitmachen.

Gleichzeitig begann ich nach Ingrids Tod Zombiefilme anzuschauen. Streifen über Serienmörder, über Tod und Zerfall und die Angst vor der Rückkehr und der Rache der Toten waren unter meinen Kumpels gerade der Hit. Logo, dass ich zu Frankenstein & Co. auch mitreden wollte. Mit elf Jahren hatte ich meinen ersten Horrorfilm gesehen. Klar bekam ich davon Albträume. Die wurden noch heftiger, seit ich mir nach Ingrids Tod immer öfter grausame Filme reinzog. Doch mein Verlangen nach Horror und Gewalt steigerte sich zu einem unstillbaren Durst. Heimlich schlich ich mich ins Kino. Weil ich älter aussah, kam ich problemlos hinein oder guckte bei Freunden. Von meinem ersten Lehrgeld kaufte ich mir einen kleinen Schwarz-Weiß-Fernseher und zog mir nachts die Brutalitäten aus der Flimmerkiste rein.

Oft wachte ich schweißgebadet auf. Ich träumte immer wieder, dass Zombies und Werwölfe kamen, um mich zu holen. Ich hatte zunehmend Angst vor der Dunkelheit. Ich stellte mir vor, dass irgendeine tollwütige Bestie mit gefletschten Zähnen draußen hinter einem Gebüsch lauerte und im richtigen Moment über mich herfallen würde. Abends hatte ich eine Heidenangst, allein rauszugehen.

Die Gewalt, die ich am Tag daheim erlebte, setzte sich in meinen Träumen fort. Manche Nacht wurde zum Horrorfilm, während ich schlief. Trotzdem fand ich einige Film-Methoden, wie Menschen um die Ecke gebracht wurden, cool und dachte darüber nach, wie ich sie selbst umsetzen würde.

Kapitel 11

Mehr als nur gucken

Kurz nach dem Tod meiner Schwester wurde ich an einem Samstag aus dem Friseursalon entlassen. Mein Chef sagte nach Feierabend zu mir, ich solle meinen Kittel mitnehmen.

„Aber der ist noch sauber", antwortete ich verdutzt.

„Nee, du kommst nicht mehr wieder", meinte der Chef. „Die Probezeit ist vorbei, und ich kann dich nicht übernehmen."

Barbara, meine Erzfeindin, durfte bleiben. Wütend sah ich ihr hämisches Grinsen und hätte ihr gern in die Fresse gehauen.

Mir graute davor, meiner Mutter von der Kündigung zu erzählen. Ich sah schon ihren vernichtenden Blick und hatte ihr „Du taugst für nix!" in den Ohren. *Doch ist es nicht tatsächlich so?*, dachte ich. *Niemand hält es lange mit mir aus. Was stimmt nicht mit mir? Der Pfarrer wollte mich nicht konfirmieren, die Jungs wollen nur das eine. Und jetzt der Friseursalon. Wie das wieder aussieht?*

Ich wusste, dass es meine Mutter kaum interessieren würde, dass mein Chef um seine Existenz bangte. Ein neuer Salon hatte im Ort aufgemacht, und zwei Lehrlinge konnte er sich einfach nicht leisten.

Auf dem Nachhauseweg war ich nervös und aufgewühlt. Ich fuhr mit dem Mofa zu unkonzentriert und setzte die Maschine in den Graben.

„So ein Mist!“, fluchte ich. Völlig verdreckt kam ich daheim an. Die anderen saßen beim Mittagessen. Niedergeschlagen und mit eingezogenem Kopf legte ich die neuen Kittel und die teure Schere auf den Tisch.

„Was ist los?“, fragte meine Mutter.

„Fristlos gekündigt hat der mich“, antwortete ich kurz.

Meine Mutter ließ den Löffel in die Suppe fallen und holte direkt aus. Ich duckte mich. Der Schlag ging auf den Hinterkopf. Nach dem ersten Wutausbruch fuhren meine Eltern gleich zu meinem Chef, um die Sache zu klären. Auf dem Weg dorthin bekam mein Vater einen Asthmaanfall. Das war natürlich auch meine Schuld. Ich dagegen düste zu meinen Kumpels ab und trank das Wochenende durch.

Später schleppte meine Mutter mich zu einem anderen Friseur. Der neuen Chefin dort passte mein weißer Kittel nicht. „Zieh den aus und mach das Lager sauber“, war ihre erste Arbeitsanweisung.

Ich war unsicher. *Hoffentlich nimmt die mich*, dachte ich.

Hinten im Lager saß ihr Ehemann. *Sieht ja ziemlich fertig aus*, schoss es mir durch den Kopf.

Schnell kam er auf den Punkt, was ihm bei Auszubildenden besonders wichtig war. „Hey, mach mal deine Bluse auf“, säuselte er.

Hä, hat der sie noch alle? Schockiert machte ich auf dem Absatz kehrt und lief nach vorn in den Salon. Der neuen Chefin erzählte ich, was ihr Ehemann hinten im Lager verlangt hatte. Doch der war schon herangeeilt und schüttelte den Kopf.

„Die spinnt doch“, beteuerte er scheinheilig.

Ich verstand die Welt nicht mehr. Wieder war ich machtlos. Wieder war da die Wut, die in mir hochkochte. *Habe ich denn überhaupt keine Stimme?*

„Geh wieder nach hinten ins Lager“, sagte die neue Chefin verärgert. „Hier vorne kann ich dich eh nicht gebrauchen. Du vergraulst mir mit deinen schlechten Zähnen noch die Kundschaft.“

Noch eine Stunde lang blieb ich im Salon. Dann trat ich durch die Ladentür und verschwand nach Hause.

Am Ende besorgte meine Mutter mir eine Lehrstelle als Konditoreifachverkäuferin. Weil ich später als zum üblichen Ausbildungsbeginn angefangen hatte, brauchte ich nur zweieinhalb Jahre. Mein Chef in der Konditorei war nett.

„Nur, Helma“, sagte er eines Tages vorsichtig zu mir, „geh mal zum Zahnarzt und mach was wegen deiner grauen Zähne.“

Oh, war das peinlich. Seit Jahren trug ich schon eine Zahnspange. Immer nachts. Abends musste mein Vater sie nachstellen. Das schmerzte ziemlich. Als ich elf Jahre alt war, hatte ich mich mit einem Jungen geprügelt. Der hatte mir voll auf den Mund geschlagen. Seitdem wurden meine Zähne immer grauer.

Schließlich machte meine Mutter einen Termin für mich, und mein Vater fuhr mich zum Zahnarzt. Die Praxis lag in Friedrichstadt, direkt gegenüber dem Haus, wo mein Opa vor Jahren meine Wunde mit Beschwörungsformeln bearbeitet hatte.

„Wenn du fertig bist, komm rüber zu den Großeltern“, sagte mein Vater. Dann ließ er mich allein.

Eigentlich sollte der Zahnarzt erst einmal nur nachschauen, warum meine Zähne immer grauer wurden. Aber ich hatte trotzdem Angst. Ich saß im Wartezimmer. Aus einem Behandlungszimmer hörte ich das Geräusch des Bohrers und Stöhnen. Als ich dran war, fielen mir als Erstes die Hände des Arztes auf. So grob wie Elefantenfüße kamen die mir vor. Und anders als gehofft, fackelte er nicht lange. Er setzte gleich an. Vier Schneidezähne, deren Nerven abgestorben waren, wurden mir direkt gezogen. Blut und Speichel liefen mir aus dem Mund auf den Pullover. Etwas spritzte auch auf meine Brille. Die Prozedur dauerte nicht lange. Kaum, dass ich realisiert hatte, was in meinem Mund passierte, war ich schon wieder fertig. Auf dem Weg hinaus presste ich ein Taschentuch auf den Mund und lief ängstlich zu meinen Großeltern.

Als ich im Türrahmen zum Wohnzimmer stand, ließ mein Vater beinahe die Kaffeetasse fallen. „Der sollte doch nur gucken", sagte er schockiert. Doch aus dem Gucken war mehr geworden. Jetzt fehlten mir die vorderen Zähne. Als 16-Jährige sah ich nun aus wie ein Schulkind, dem die Milchzähne ausgefallen waren.

Schweigend fuhren wir nach Hause. Ich hätte vor Schmerzen sowieso nicht sprechen können. Daheim kramte ich einen Schal aus dem Schrank, setzte mich aufs Mofa und fuhr zu meinem damaligen Freund. Endlich hatte ich mal einen, der mit mir ging.

Doch der fand mich jetzt abstoßend und machte Schluss. „Wie hässlich. Eine zahnlose Freundin will ich nicht", sagte er und lachte mich aus.

Wie ein geprügelter Hund fuhr ich zu meinen Kumpels und spülte die Schmach mit Bier hinunter.

Mir graute vor dem nächsten Tag. Zahnlos, wie ich war, wollte ich nicht vor die Tür gehen. Aber welche Wahl hatte ich? Punkt sechs Uhr am nächsten Morgen klingelte der Wecker, und meine Mutter schrie von unten: „BEWEG DICH!"

Beim Frühstück bekam ich keinen Bissen herunter. Der Mund tat weh. Ich trank ein wenig und wickelte gleich zwei Schals vor mein Gesicht. Im Zug zur Arbeit traf ich einige Typen aus dem Ort. Die lästerten über mich ab. Ich war nie auf den Mund gefallen, hatte meistens eine freche Antwort parat. Aber heute war ich zu schwach, um mich zu wehren. Ich kam mir ja selbst vor wie ein Alien.

In der Konditorei rastete mein Chef erst mal aus. „So kannst du nicht in den Laden", schimpfte er.

Für die nächste Zeit musste ich hinten in der Backstube bleiben. Einzig auf den Motorradtreffen unter den Bikern fühlte ich mich wohl. Dort hatten ein paar Kerle auch keine Zähne mehr. Die glaubten ohnehin, ich hätte mich geprügelt und dabei meine vorderen Beißer verloren.

Einige Zeit später bekam ich eine Prothese. Die falschen Zähne waren schneeweiß und passten nicht zu mir. Als ich das meiner Mutter sagte, entgegnete sie nur genervt: „Halt's Maul. Dein Vater muss jetzt dafür blechen."

Am liebsten hätte ich mit dem Zahnersatz eine Kuttentaufe* gemacht und ihn ordentlich durch den Dreck gezogen. Er schmerzte, und die Drahtgestelle der Spange sahen hässlich aus. Wenn ich allein war, weinte ich. Zu Motorradtreffen nahm ich die Zähne raus und ließ sie zu Hause. Dort war es unwichtig, wie ich aussah.

Kapitel 12

Endlich 18

Ohne fahrbaren Untersatz war man auf dem Land aufgeschmissen. Daher konnte ich es kaum erwarten, endlich den Autoführerschein zu machen. Die Praxis beherrschte ich schon, und so kutschierte ich mich mit dem Auto meiner Mutter selbst zu den Fahrstunden. Sie saß auf dem Beifahrersitz. Auf dem Land sah man das nicht so eng. Als ich mit 18 endlich den Lappen hatte, durfte ich manchmal ein Auto meiner Eltern nehmen. Meine Mutter war froh, nicht mehr den Chauffeur spielen zu müssen, wenn ich in die Disco wollte. Den Tank fuhr ich am Wochenende meistens fast leer. Meine Mutter schaffte es montags gerade noch bis zur Tankstelle. Erstaunlicherweise war sie gnädig mit mir und ließ das ohne großes Gezeter durchgehen.

Bei anderen Vergehen war sie nicht so nachgiebig. Verständlicherweise – denn ich fuhr nicht immer unfallfrei, und nicht selten war ich selbst schuld. Zwei Autos meiner Eltern fuhr ich zu Schrott.

Einmal war ich am Wochenende mit dem Wagen meiner Mutter auf dem Weg zu meiner Schwester. Doris lebte inzwischen mit ihrem Mann einige Dörfer weiter. Ein kurzer Abstecher bei Freunden musste vorher noch sein. Und auch die ein, zwei Biere. Angetrunken stieg ich später mit meiner Freundin ins Auto. Wir fuhren über breite

Landstraßen, die förmlich dazu einluden, den Tacho hochzutreiben. Ich fuhr schnell. Viel zu schnell.

An einer Abbiegung kam uns ein Trecker entgegen. Ich übersah ihn und rammte dagegen. Zum Glück blieben wir unverletzt. Der Bauer saß wie verdattert auf seinem Sitz und stand unter Schock.

„Nimm die Buddel in deine Lederjacke.“ Geistesgegenwärtig trieb ich meine Freundin an, die Schnapsflaschen schnell zu verstecken. Wir hatten uns ein wenig Proviant mitgenommen.

Den Treckerfahrer kannte ich von der Disco. Der schwang an den Wochenenden auch ab und zu im *Palazzo* das Tanzbein. Besorgt stieg er mit seinen schlammigen Gummistiefeln von seinem Traktor und rannte auf unser Auto zu. Seine Aufregung legte sich schnell, als er mich erkannte.

„Mensch, Helma, was machst du denn hier?“

„Ja, Moin auch“, grüßte ich und stieg aus dem Auto.

Auf der Weide stand eine Herde Kühe. Neugierig, dennoch gelassen weiterkauend, beobachteten sie uns Zweibeiner. Endlich war mal was los.

Der Treckerfahrer ging um das Auto herum und besah sich den Schaden. Eine Seite war verbeult. Ich versuchte den Wagen zu starten, doch er sprang nicht an. Daraufhin fuhr der Bauer ins nächste Dorf und rief meinen Schwager an. Er sollte uns abschleppen.

Nach einer gefühlten Ewigkeit war Horst vor Ort.

„Jo, scheint nicht so schlimm zu sein“, sagte er nach erstem Augenschein. Als er das Auto jedoch mit dem Abschleppseil anzog, fiel die vordere Seitenverkleidung ab.

„Oh, oh, das wird Ärger geben“, sagte ich und schürzte die Lippen. Mir klingelte das Gezeter meiner Mutter schon im Ohr.

Horst schleppte das Auto bis zu uns nach Hause ab. Doch diesmal schlug mein Vater zu. Er prügelte mich windelweich. Eine Woche lang hatte ich Schmerzen. Doch irgendwie konnte ich ihm deswegen nicht böse sein. Schließlich hatte ich echt Bockmist gebaut. Es kam selten vor, dass meinem Vater die Hand ausrutschte. Daher ging es mir nahe, dass ich ihn so dermaßen verärgert hatte. Stinkwütend war er auf mich. Die Reparatur musste schließlich *er* bezahlen, von seinem hart verdienten Geld. Dabei war er immer so sparsam. Was noch lief, wurde gebraucht, bis es eben nicht mehr lief. Oder repariert. Das war seine Devise.

Ich hatte meinen Vater wirklich gern. Ich wusste, wie auch er unter dem Regiment seiner Frau litt. Doch größtenteils hielt er sich raus aus allem, was daheim geschah. Oder er zog sich zurück. Die meiste Zeit werkelte er in seiner Werkstatt und baute Möbel für andere Leute. So verdiente er auch etwas hinzu und schenkte mir eine Honda MT8. Mit dem Mofa konnte ich ja nicht ewig rumfahren und weite Strecken sowieso nicht. Ich freute mich riesig. Das Moped war nigelnagelneu. Direkt vom Hof des Händlers hatte mein Vater es weggekauft. Niemand hatte das Kraftrad eingefahren. Niemand einen Kratzer daran geschrappt oder die Reifen abgefahren. Es war jungfräulich, und es war meins. So ein teures Geschenk hatte ich noch nie zuvor bekommen.

„Dass du mir ja keinen Unfall baust", gab mein Vater mir schmunzelnd mit auf den Weg. Er freute sich auf seine eigene zurückhaltende Art. Doch meine Mutter zögerte nicht, mich daran zu erinnern, dass der Vater dafür hatte hart arbeiten müssen.

Ich verbrachte nun viel Zeit mit dem Moped. Bei jeder Gelegenheit saß ich vorm Haus. Meine Hände waren ständig mit Öl beschmiert. Ich rutschte auf Knien herum und schraubte und bastelte mit meinen Kumpels so lange, bis ich das Moped von den vorgesehenen 80 Kilometern pro Stunde hoch auf 120 getunt hatte.

Auf das Moped folgte später ein Motorrad. Als ich mit 19 Jahren den Motorradschein hatte, kaufte ich einer Fahrschule eine gebrauchte Maschine ab. Es war eine *Yamaha XS 400*. Sie war zwar nicht der Reißer, aber schön billig. Mit ihren 27 PS lief sie auch ganz okay. Und sie war schneller als mein Moped.

Ich war ein Naturtalent. Wie zum Motorradfahren geboren. Auf meiner ersten Fahrt mit der *Yamaha* war ich glücklich wie nie. Als ich den Motor anwarf, das dunkle Brummen meinen Körper vibrieren ließ und ich losfuhr, fühlte ich mich frei. Gekonnt legte ich mich in die Kurven und zog auf gerader Piste an. Ich verschmolz mit der Maschine regelrecht zu einem Ganzen. Der Fahrwind hüllte alles ein in ein Gefühl der Leichtigkeit. Ich regierte das Motorrad. Es reagierte auf meine Anweisungen und ließ sich von mir führen. Willig. Untergeben. Zum ersten Mal spürte ich diesen Hauch von Macht. Das hatte ich mir seit meiner ersten Ausfahrt mit Achim, dem Nachbarn, gewünscht.

Mit dem Motorrad fühlte ich mich mit einem Mal unbezwingbar. Unabhängig. Beflügelt. Eine neue Ära, ach was, ein neues Leben hatte begonnen!

Kapitel 13

Schweineaugen-Weitspucken

An den Wochenenden stieg ich nun regelrecht aus. Ich ließ den Alltag, meine Sorgen und den Stress hinter mir und fuhr in eine andere Welt. Dort lebte ich wild und frei. Meist fuhr ich mit meinen Kumpels auf ein Motorradtreffen oder eine Party irgendwo in der Pampa. Oh, wie ich das Knurren und Knattern liebte, wenn die Motorräder auf dem Gelände eintrafen. Es klang wie eine Herde Raubtiere, und die Abgase dufteten nach Freiheit.

In meiner näheren Umgebung gab es einige kleinere MCs und Bikercliquen. Meist auf einer Wiese entstand bei den Treffen eine Mini-Zeltstadt mit Biertresen. Auf einem Treckeranhänger wurde die Musikanlage aufgebaut. Manchmal sangen auch Livebands bekannte Hardrock-Songs nach. Auf den Treffen ging es jedes Mal so richtig ab. Wir wollten Spaß haben und feierten uns die Seele aus dem Leib. Saufgelage, Schlägereien, Schlammschlachten beim Tauziehen zwischen verschiedenen Clubs oder Teams. Auch ich grölte an der Schlammgrube mit, in die der Verlierer hineingezogen wurde. Nicht selten suhlte ich mich selbst mit im Dreck.

Bevor es am Abend zum allgemeinen Besäufnis überging, durften am Nachmittag gewisse Showeinlagen und äußerst beliebte Spiele nicht fehlen. Zum Beispiel Mofa-Weitwurf mit alten Maschinen. Oder *Burn Outs*. Dabei ließen die Biker die hinteren Räder ihrer Maschinen im Stand durchdrehen, während vorne gebremst wurde. Die Menge jubelte und grölte. Die hohe Belastung von Bremsen, Kupplung und Getriebe erzeugte einen extremen Krach. Und die Maschinen qualmten. Manche Reifenprofile waren nach einem *Burn Out* komplett abgerieben. Uns war das egal – und die Reifenverkäufer rieben sich wahrscheinlich die Hände.

Beliebt war auch das Schweineaugen-Weitspucken, ein Jux nicht nur für besonders harte Kerle. Die Schweineaugen waren in Schnaps eingelegt. Für den besseren Geschmack. Klar, dass ich mit dabei war. Mit den Fingern fischte ich ein glibberiges Teil aus dem Becher. Das Schweineauge flutschte leicht weg, sodass ich fest zupacken musste. Dann gab es nach wie Gummi, und ich ließ es schnell in meinem Mund verschwinden. Meinen Ekel schluckte ich einfach hinunter. Wäre ja noch schöner, wenn ich wie ein Püppchen „Igitt“ geschrien hätte. Coolness zeigen, besonders vor den Männern!

Ich stellte mich also hinter die quer liegende Holzlatte, beugte mich zurück und schleuderte das schleimige Teil ein paar Meter weit. Mit fliegenden Augen verfolgten die umstehenden Rocker, wie das weiße Teil wie ein Gummiball aufschlug und dann davonhüpfte. Später zertraten unsere schweren Stiefel die ausgespuckten Augen, die aus dem Gras zu uns hochstarrten. Manchmal musste ich vor dem Spucken den Würgereiz unterdrücken. Hinterher spülte ich den Mund kräftig mit Bier aus. Klasse Sache!

Zum dröhnenden Beat der Rockmusik soff und kiffte ich wie die Männer. Unter den Bikern fühlte ich mich sicher. Die Kumpels nahmen mich, wie ich war. Mit denen konnte ich reden und am Lagerfeuer Benzingespräche* führen über PS, den Sound der Motoren und Umbauten. Ich wurde respektiert. Die Szene war meine Familie. Nicht wenige der Motorradfahrer kamen auch aus Elternhäusern, in denen das Faustrecht regierte.

Immer mehr verschmolz ich mit der Schleswig-Holsteiner Motorradszene. Kilometerweit fuhr ich zu irgendwelchen Treffen oder Partys. In dieser Parallelwelt fand ich zu einer neuen Identität. Plötzlich war ich wer. Nicht das ungewollte Gör, der Störenfried, das schwarze Schaf. Ich wurde nicht herumgeschupst, bevormundet oder kleingemacht. Ich wurde nicht fremdbestimmt von anderen Leuten, die mir sagten, nach welchen Regeln – ihren Regeln – das Leben läuft.

Unter den Bikern bekam ich Anerkennung. Und ein gewisses Interesse an mir als Frau. Nicht selten wachte ich morgens im Zelt irgendeines Mannes auf. Im Lauf der Zeit hatte ich gelernt, dass das ein Mittel war, sich die Männer gefügig zu machen. Klar erwartete ich nicht die große Liebe. Überhaupt: Was war schon Liebe?

Mein Lachen wurde zu meinem Markenzeichen. Ich lachte viel, laut und derb. Und ich war beliebt. Doch man war auch vorsichtig mir gegenüber, denn ich konnte zuschlagen wie ein Mann. Ich beobachtete genau, wie ich mich in der Szene behaupten musste – und wie ich Menschen beherrschen konnte. Ich war immer auf der Hut, spürte, wenn die Kacke am Dampfen war. Ich konnte echt Kumpel, aber auch echt fies sein. Ich provozierte, stichelte, manipulierte, demütigte. Aufgebrezelte Frauen in hochhackigen Schuhen und schicken Klamotten waren in meinen Augen nur Tussis. Sie wurden von mir verarscht oder ignoriert, sobald sie bei Treffen und Partys auftauchten. Solche Schnepfen konnte ich nicht ernst nehmen.

Ab und zu gab es auch Schlägereien. Dass ich da mitmischte, war für mich völlig normal. Ich genoss es, wenn andere Schmerzen hatten. Und teilte gerne mit aus. Dadurch prügelte ich mir immer mehr den Respekt der anderen Biker ein.

Die meisten Frauen in der Rockerszene waren entweder die Freundinnen von irgendwem, oder sie hatten selbst eine Maschine, weshalb sie mehr respektiert wurden. Ich gehörte zu Letzteren. Inzwischen galt ich als eine der Härtesten. Mit meinem Äußeren konnte ich ja sowieso keinen Blumentopf gewinnen. Ich war dick, hatte diese miserablen Zähne, kurz geschorene Haare und trug grobe Klamotten. Doch meine lose Klappe und die Kaltschnäuzigkeit machten das wett.

Auf einem dieser Rockertreffen stand ich mit meinen Kumpels bei einem Bier zusammen. Es war gegen Abend. Heavy-Metal-Musik schrie aus den Boxen. Die meisten hatten schon ordentlich gebechert. Die Stimmung war gut. Während ich entspannt am Tresen lehnte, blickte ich nach unten und sah unterm Ausschank einen Mann liegen. Besoffen.

„Hey, guckt euch mal den Penner an“, spottete ich und warf ihm einen dreckigen Kartoffelsack über den Kopf. „Na, dann schlaf mal schön“, lachte ich und setzte die Bierflasche an den Mund.

Doch der Typ schlief nicht. Wankend rappelte er sich auf und schlug mir unvermittelt von hinten auf den Kopf. Dann noch einmal. Ich war zwar verdutzt, blieb aber stehen wie eine starke Eiche.

„Mensch, duck dich doch, Helma!“, schrien die Kumpels.

„Hä, ich duck mich doch nicht vor so einem Penner!“, erwiderte ich trotzig. *So weit kommt es noch.* Geduckt hatte ich mich oft genug. Meine Schmerzgrenze lag nun weit weg. Mitgefühl war mir fremd geworden. Wer hatte das je mit mir gehabt? Ich stumpfte emotional immer mehr ab. Meine Gefühlskälte und Lieblosigkeit waren entfesselt.

Teil 2

1984 bis 1997

Wir sind die, vor denen uns
unsere Eltern immer gewarnt haben.

Kapitel 14

Eine gute Partie?

Eigentlich dachte ich, dass ich gelernt hatte, Freund von Feind ziemlich schnell zu unterscheiden. Eigentlich. Bis eines Tages Detlef in mein Leben kam. Ich war 21, er 13 Jahre älter. Ich kannte ihn schon, weil er der Cousin von einem Typen war, auf den ich ein Auge geworfen hatte.

Eines Abends tauchte Detlef wie aus heiterem Himmel bei meinen Eltern auf. Ich war gerade in der Dorfdisco, als der DJ übers Mikrofon meinen Namen ausrief und sagte, ich solle ans Telefon kommen. Meine Kumpels guckten mich überrascht an. *Wer ruft mich denn in der Disco an?* Ich hatte ein mulmiges Gefühl. Die Erinnerung an Ingrids Tod kam hoch. *Ob wieder jemand gestorben ist? Oma?* Angespannt ging ich ins Büro des Discobetreibers und nahm den Hörer. Mit einer Hand musste ich mir das Ohr zuhalten, um die Musik abzudämpfen. Meine Mutter war dran.

„Hier sitzt so ein Detlef. Der wartet auf dich."

Ich stutzte. *Detlef? Was für ein Detlef?* Dann kam es mir wie ein Geistesblitz. *Ach, der alte Sack, der mich ständig angebaggert hat.* „Och nee, was will der denn?", brüllte ich in den Apparat. „Schick den mal nach Hause. Keine Ahnung, was der will." Ich knallte den Hörer auf und schüttelte den Kopf. Für mich war die Sache damit erledigt.

Für Detlef nicht.

Ich kam erst am nächsten Morgen nach Hause. Nach der Disco hatte ich noch eine Freundin nach Hause fahren wollen, doch das Auto blieb liegen. Es dämmerte schon, als ein Bauer uns mit seinem Trecker abschleppte. Endlich daheim angekommen, schlief ich bis nachmittags aus. Als ich mich schließlich aus dem Bett rekelte, hörte ich von unten aus der Küche eine Männerstimme.

„Detlef? Oh Hilfe, was will der denn hier?", stöhnte ich.

Rasch zog ich mich an und ging nach unten. Dort saß tatsächlich Detlef und unterhielt sich angeregt mit meiner Mutter. Die Situation war seltsam. Ich fühlte mich unwohl. Ein Freund von Detlef hatte ihn hergebracht, denn selbst fahren durfte er zur der Zeit nicht.

„Ich musste wegen Trunkenheit am Steuer den Führerschein abgeben“, sagte er und machte eine abwiegelnde Handbewegung. „Habe halt mal einen über den Durst getrunken. Tja, und bin erwischt worden. Dumme Sache“, witzelte er.

Sprachlos goss ich mir einen Becher Kaffee ein und setzte mich. *Was zieht der hier ab?* Ich tat cool und grinste gequält.

„Ich wollte einfach mal bei dir vorbeischauen, Helma“, sagte Detlef. Seine Augen leuchteten, und er sah mich verliebt an. *Na Prost, der ist ja total verschossen in mich. Hilfe!*, dachte ich und rollte innerlich mit den Augen.

Der Typ langweilte mich. Das weitere Gespräch blieb oberflächlich und träge. Wir sprachen über gemeinsame Bekannte, die Disco, das Wetter & Co. Ich hatte ehrlich kein Interesse an dem betagten Kerl. 13 Jahre älter, hallo? *Nicht mal Motorrad fährt der.* Irgendwann brachte ich ihn mit dem Auto nach Hause.

Seitdem kam Detlef jedes Wochenende. Er half meinem Vater in der Werkstatt und erwähnte immer wieder ganz beiläufig, dass er genug Geld habe. Meine Mutter fand ihn auf Anhieb toll. Ein paarmal ging ich dann doch mit ihm aus, in die Disco oder ins Kino. Er machte mir ziemlich oft Komplimente und: Detlef bezahlte immer die Rechnung. Mir war es recht. Irgendwie hatte das auch was. Immerhin passierte es selten, dass mir jemand den Hof machte. Außerdem kam mir Detlef auch in anderer Hinsicht gelegen: Mit ihm wollte ich seinen Cousin eifersüchtig machen. Der war hübsch, den hätte ich gerne gehabt. So ein richtig süßer Kerl. In der Disco tanzte ich mit Detlef vor ihm herum, eng umschlungen, und sah dabei zu ihm hinüber. Schöne Augen wollte ich ihm machen. Oder ich knutschte vor seinen Augen hemmungslos mit Detlef. Aber leider ging mein Plan nicht auf. Detlefs Cousin interessierte sich nicht die Bohne für mich.

Mit der Zeit begann ich Detlef doch immer mehr zu mögen, und wir wurden ein Paar. Da Detlef öfter bei uns zu Hause war, merkte er schnell, unter welchem Joch ich daheim stand. Meine Mutter machte auch vor ihm keinen Hehl daraus, dass ich in ihren Augen nichts taugte. Egal, ob Detlef da war oder nicht: Sie schnauzte drauflos, wenn ihr etwas nicht passte.

Eines Tages, wir waren erst ein paar Monate zusammen, schlug Detlef vor: „Helma, ich helf dir hier raus. Lass uns zusammenziehen."

Puh, das geht aber schnell, dachte ich, überlegte und wog die Vor- und Nachteile ab. Ich liebte Detlef nicht. Mit Männern verbrachte ich auf Motorradtreffen höchstens eine Nacht im Zelt. Das genügte mir. Liebe war nie dabei. Außerdem kam mir Detlef obendrein eher wie ein Bruder als ein Liebhaber vor. *Aber andererseits*, ging es mir durch den Kopf, *mit Detlef zusammenzuziehen, wäre der Weg, von daheim rauszukommen. Weg von der Mutter und den ständigen Streitereien. Das passt.*

Also sagte ich zu. „Okay, lass uns zusammenziehen." Es war wie ein Tauschgeschäft.

Meine Mutter freute sich. Detlef sei ein anständiger Kerl, und er habe Geld, lag sie mir ohnehin oft in den Ohren. „Den nimmst du! Aber bevor ihr zusammenzieht, kommt die Verlobung", stellte sie zur Bedingung. „Das gehört sich so. Sonst gibt es Gerede im Dorf."

Wir waren kaum ein paar Monate zusammen, wurde schon groß die Verlobung gefeiert. Für mich war sie nichts Besonderes, aber für meine Familie das Highlight. Unsere Verwandten und Nachbarn brachten Geschenke wie Toaster oder Eierkocher. Meine Mutter und meine Oma backten üppige Sahnetorten, und mein Vater baute uns in seiner Werkstatt die Möbel fürs Schlafzimmer. Jedes Stück von meiner Aussteuer, die über Jahre gesammelten Handtücher, die Bettwäsche, ein komplettes Kuchengabelset: All das fand seinen Platz in unserer gemeinsamen Wohnung. Meine Mutter kaufte Gardinen und nähte sie um, und in der Schrankwand platzierte meine Oma ihre gehäkelten Deckchen. Auch wenn mir die Starthilfe gelegen war und ich nicht dagegen protestierte, kam es mir vor, als ob ich in die möblierte Wohnung anderer Leute einzog. Von Anfang an fühlte ich mich fremd. Meine erste eigene Wohnung war nicht die meine.

„Ach, was soll's", beruhigte ich mich. „Ich hätte es eh nicht besser hinbekommen."

Nun lebten Detlef und ich zusammen. So lernten wir uns auch besser kennen. Während Detlef am Anfang unserer Beziehung außerordentlich charmant und aufmerksam gewesen war, entpuppte er sich nun als besitzergreifend. Obendrein war er spielsüchtig. Auch kippte er einiges an Bier und Schnaps weg. So viel, dass er ohne Alkohol bald nicht mehr über den Tag kam. Zwar bemerkte ich das, trank abends aber auch selbst gerne und viel mit.

Obwohl ich glaubte, der täglichen Gewalt nun entkommen zu sein, hatte ich nur den Schauplatz gewechselt. Denn bald stellte sich heraus, dass auch Detlef eine lose Hand hatte. Das wusste nur niemand aus meiner Familie. Nach außen hin galt er als gute Partie.

„Detlef ist toll", hieß es immer wieder. „Vermassle das nicht!"

Das erste Mal schlug er kurz nach dem Einzug in unsere gemeinsame Wohnung zu. Ich hatte gerade den Küchenboden gewischt, als er von der Arbeit heimkam.

„Wie war dein Tag?", fragte ich freundlich. „Irgendwas passiert?"

Doch Detlef begutachtete bloß den Boden und fing an zu nörgeln. „Du musst den Dreck aufwischen, nicht verteilen!" Sein Atem roch nach Bier.

„Hä, tickst du noch richtig? Ich habe anständig geputzt", meckerte ich zurück.

Plötzlich holte er aus und traf mich mitten ins Gesicht. Für einen Moment war Stille. Ich war wie benommen. Auf den Schreck musste ich mich erst einmal sammeln. Auch Detlef war überrascht. Wie sehr hätte ich mir jetzt gewünscht, er würde mich in den Arm nehmen und sich entschuldigen. Doch er trat weder zerknirscht auf mich zu, noch umarmte er mich. Stattdessen wischte er sich mit dem Handrücken über den Mund, als ob nichts geschehen war, und ließ sich auf den Küchenstuhl fallen. Schweigend öffnete er ein Bier und zog einen kräftigen Schluck.

Als ich mich wieder gefangen hatte, packte ich den Zündschlüssel, rannte aus der Wohnung und fuhr zu meinen Eltern. Ausgerechnet! Doch mir fiel niemand anderes ein. Dort wollte ich erzählen, was dieser ach so anständige Detlef und Ich-habe-genug-Schotter-Protz mit mir gemacht hatte und wie er das ganze Geld verspielte.

Doch Detlef war mir zuvorgekommen.

„Ja, ja, der Detlef hat schon angerufen“, hörte ich meine Mutter sagen, als ich aufgebracht durch die Tür kam. „Du bist gegen die Wand gelaufen. Das hat er uns schon alles erzählt“, winkte sie ab.

Mein Magen zog sich zusammen. Mir wurde heiß. „Detlef lügt“, versuchte ich die Sache richtigzustellen. „Es stimmt gar nicht. Er hat mich geschlagen!“

Meine Gedanken überschlugen sich. Da war es wieder, dieses Gefühl der Ohnmacht und Hilflosigkeit, das ich nur allzu gut kannte. So oft, wenn meine Mutter mich grundlos verprügelt hatte, war es da gewesen. Auch jetzt wollte ich mich verteidigen. Zwecklos. Niemand glaubte mir.

„Geh zurück!“, hieß es nur.

Ich kam mir vor wie in einem schlechten Film! Doch es hatte keinen Zweck. Solange ich mich erinnern konnte, hatte meine Mutter sich nie auf meine Seite gestellt.

Kurzerhand drückte sie mir einen kleinen Welpen in die Hand. Woher der Hund so plötzlich gekommen war, wusste ich nicht. Vielleicht hatten meine Eltern den Welpen für sich selbst besorgt. Jetzt kam er als Trostpflaster gerade recht. Sie wussten, wie sehr ich Hunde liebte.

Zusammen mit dem Hündchen zog ich also wieder ab und zurück zu Detlef. Ich fühlte mich selbst wie ein geprügelter Hund. Und ich schämte mich. Doch was blieb mir anderes übrig? *Vielleicht habe ich ja wirklich die Ecken nicht richtig ausgescheuert?*, dachte ich während der Fahrt. „Dann hätte ich es verdient“, murmelte ich vor mich hin. „Na ja, wenigstens schlägt er nicht so arg zu. Das halte ich aus.“

Kapitel 15

„Dann wird eben geheiratet“

Nachdem ich zwei Jahre mit Detlef zusammen war, stand schließlich die Hochzeit an. Zum Traugespräch mussten wir ausgerechnet zu dem Pfarrer, der mich aus dem Konfirmandenunterricht geschmissen hatte. Er schien Mitleid mit Detlef zu haben.

„Na, diese Ehe wird nicht lange halten“, prophezeite er.

WIE BITTE? Ich saß direkt daneben und konnte nicht glauben, was ich da gerade gehört hatte. Offenbar war ich Luft für ihn. *Frechheit!*, dachte ich. Andererseits – hatte er nicht auch recht? Warum wollte ich Detlef, den Schläger, den Säufer, den Spielsüchtigen überhaupt heiraten? Liebe war es nicht. Körperliche Nähe auch nicht, denn wir waren nur selten intim. Auf Motorradtreffen nahm ich ihn auch nicht mit. Das war allein meine Welt. Die interessierte Detlef ohnehin nicht. Er zog lieber mit seinen Kumpels los. *Also, was hält mich bei diesem Typen? Was verbindet uns? Warum blase ich die Hochzeit nicht ab?*

Ich fand keine Antworten. Unter den Rockern fiel es mir viel leichter, meinen Willen durchzusetzen. Alles war dort viel leichter. Doch bei Detlef hatte ich diese Stärke nicht. Und da war noch meine Mutter. *Nein, jetzt bin ich schon so weit gegangen, da kann ich auch heiraten.* Ich wollte nicht schon wieder eine Enttäuschung sein.

Zunächst sprach ich mit niemandem über meine Zweifel. Schon früher hatte ich keinem erzählt, dass ich zu Hause so oft verprügelt worden war. Überhaupt redete ich kaum über meine Gefühle. Doch vor der Hochzeit vertraute ich mich erstmals meiner Schwester Doris an.

Doris war gerade schwanger mit ihrem zweiten Kind. Nach einem Frauenarzttermin schaute sie bei mir vorbei. Meiner Schwester fiel gleich auf, wie bedrückt ich war.

„Was ist los, Helma?“, fragte sie.

„Na ja, ich soll ja nun heiraten“, druckste ich herum.

„Wie bitte?“, gab Doris verwundert zurück. „Nee, du *sollst* nicht heiraten, Helma. Du *möchtest* doch heiraten – oder etwa nicht? Du kannst alles noch abbrechen.“

„Aber es ist doch schon alles organisiert“, winkte ich ab. „Die Verwandten sind eingeladen und überhaupt. Mutter wird wieder toben. Ach, lass mal.“

Trotzdem erzählte ich meiner Schwester von den Problemen mit Detlef. Dass er trank und wie unglücklich ich war. Die Schläge verschwieg ich ihr. Wieder bewahrte ich das wie ein Geheimnis. Ich schämte mich, und ich wusste nicht, ob Doris mir glauben würde. Schließlich hatte meine Mutter mir auch nicht geglaubt.

Doris schüttelte über all das den Kopf. Sie versuchte mich zu ermutigen, mir alles noch einmal genau zu überleben. Die liebe Doris. Schließlich heiratet man nur ein Mal. Aber ich hatte zu viel Angst, vor Detlef und besonders vor meiner Mutter. Ich fühlte mich unsicher und nicht stark genug.

Meine Entscheidung sollte ich bitter bereuen.

Kapitel 16

An der kurzen Leine

Im Oktober 1984 heiratete ich Detlef. „In guten wie in schlechten Zeiten, bis dass der Tod euch scheidet“, hallten die Worte des Pfarrers in mir nach. Für mich klangen sie wie eine Drohung. Am Tag unserer Hochzeit standen meine Kumpels mit ihren Motorrädern direkt gegenüber der Kirche. Sie grinsten übers ganze Gesicht, als ich im weißen, langen Kleid mit Schleppe aus der Kirche trat. Sie kannten mich nur in lässigen Klamotten und schweren Schuhen. Nicht mit Make-up und gestylten Haaren. Mit eigenen Augen wollten sie nun sehen, wie ich, die Biker-Helma, tatsächlich heiratete. Als ich meine Kumpels entdeckte, kam ich mir irgendwie blöd vor.

„Schöne Braut, Helma. Herzlichen Glückwunsch!“, grölten sie ironisch herüber. Einige deuteten sogar eine Verbeugung an. Am liebsten hätte ich den Brautstrauß weggeworfen, das Kleid gerafft und wäre über die Straße zu ihnen gelaufen. In meine Welt. Stattdessen spielte ich die Hochzeit mit. Die anschließende Feier war eine einzige Qual für mich. Wie gekünstelt kam mir der ganze Tag vor. Kaum ein Lächeln wollte über meine Lippen.

Auch als verheiratetes Paar wurde die Beziehung zwischen Detlef und mir nicht besser. Als Mann und Frau lebten wir weiterhin unser Leben ohne den jeweils anderen. Ich tanzte in der Disco ab und feierte an Wochenenden auf Rockertreffen. Detlef zog derweilen mit seinen Kumpels los.

Inzwischen schlug er mich fast jeden Tag. Doch danach beteuerte er immer wieder, wie sehr er mich liebe. *Eine merkwürdige Liebe ist das*, dachte ich jedes Mal verächtlich. Ich konnte ihm das einfach nicht abnehmen. Mehr und mehr behandelte Detlef mich wie seinen Besitz. Er kontrollierte mich, und ich spürte, dass er mich bändigen und meinen Willen, meinen Dickkopf brechen wollte. Detlef genoss die Demütigungen und zeigte, wer der Herr im Hause war. Mehrmals drohte er mir damit, mein Motorrad zu verkaufen.

Als ich eines Morgens in die Garage kam, hatte er sein Vorhaben tatsächlich in die Tat umgesetzt. Das Motorrad war weg. „Dieser Dreckskerl!“, schnaubte ich vor Wut. Ich stand da, mit dem Helm in der Hand, und konnte es nicht fassen. Am liebsten wäre ich zu Detlefs Arbeit gefahren und hätte ich ihm eine reingehauen. Die Maschine war das Einzige, was mir wirklich gehörte. Sie bedeutete mir alles. Mehr als irgendein Mensch.

Verzweifelt stand ich in der Garage. *Was mache ich denn jetzt?* Ich wusste, gegen Detlef kam ich nicht an. Und sosehr es mich schmerzte, dass er meine Maschine einfach verkauft hatte, nahm ich mir vor, ihm gegenüber keine Regung zu zeigen. Ich wollte ihm nicht den Hauch der Genugtuung geben, dass er mich verletzt hatte. Eines war klar: Wenn ich jetzt aufbrauste und mich gegen ihn stellte, brachte das nur Ärger – und Schläge. Und ich wusste ja, wie sehr er das jedes Mal genoss. Meine Maschine würde davon auch nicht zurückkommen.

Einige Tage später kündigte Detlef auch meinen Job in der Bäckerei und stellte mich vor vollendete Tatsachen. „Du musst nicht mehr arbeiten gehen“, sagte er. „Bleib zu Hause. Ich bringe genug Geld für uns beide heim.“

„Wie bitte, was hast du getan? Das kannst du doch nicht machen.“ Mehr brachte ich nicht heraus. Mir fehlten die Worte. Außerdem wusste ich, dass es keinen Zweck hatte, jetzt zu diskutieren.

Meine Maschine, meine Arbeit, alles, was mir Spaß machte, hatte er mir genommen. Seine Beschimpfungen, Bevormundungen, Einschüchterungen, Verbote oder Drohungen wurden immer schlimmer. Mein Protest blieb dagegen schwach.

„Detlef, du spinnst wohl!“ Mehr traute ich mich nicht.

Was sollte ich auch tun? Ich war ja mit ihm verheiratet, und sosehr ich das auch hasste: Ich war auch abhängig. Ich hatte kein eigenes Geld, und nach Hause zurück konnte ich nicht mehr. Meine Eltern glaubten mir ohnehin kein Wort, besonders meine Mutter nicht. Mein Vater und meine Oma hätten noch zu mir gestanden. Aber meine Mutter? Die fand den Detlef ja toll. Wenn hier irgendjemand was vermasselte, dann war ich das. So hatte sie es mir immer wieder zu verstehen gegeben.

Ich fühlte mich wie gefangen. Und allein. Das machte mich rasend.

Detlef hielt mich an der kurzen Leine. Immer wollte er wissen, wohin ich ging, was ich machte, mit wem ich mich traf. Das nervte. Häufig log ich ihn an.

Und wie heißt es so schön? Not macht erfinderisch!

Mit der Zeit fand ich meine Tricks, mich zumindest für Augenblicke in die Freiheit zu schleichen. Die Frau von Detlefs Cousin brachte mich schließlich auf eine ausgezeichnete Idee. Inge besuchte mich ab und zu allein, und wir quatschten bei Kaffee und Zigaretten über unsere Männer.

„Und, wie läuft es bei dir?“, wollte sie wissen.

Im Grunde sprach ich mit anderen nicht über meine Probleme,

schon gar nicht darüber, dass ich verprügelt wurde. Dafür schämte ich mich zu sehr. Aber ich deutete an, dass mich Detlefs Kontrollwahn dermaßen nervte. *Wohin gehst du? Mit wem triffst du dich?* „Nicht mal mehr in die Disco kann ich", sagte ich und rollte mit den Augen.

„Ach Helma, kennste nicht den alten Trick?", fragte Inge. „Du musst Schlaftabletten in sein Bier tun. Dann pennt er bis morgens durch. Habe ich auch schon öfter gemacht. Das funktioniert." Inge knuffte meinen Unterarm mit ihrer Faust. *Todsicher!* Also schmiedeten wir einen Plan.

Am nächsten Samstag kamen Inge und ihr Mann zu uns. Ich hatte gekocht. Nach dem Essen half mir Inge in der Küche mit dem Geschirr.

„Heute geht's tanzen. Juhu", flüsterte sie und zwinkerte mir zu.

Ich war aufgeregt.

Als der Abwasch erledigt war, gesellten wir uns wieder zu den Männern. Ich stellte noch Knabberzeug auf den Couchtisch und holte frisches Bier. Apfelkorn wurde gekippt, und der Qualm von unzähligen Zigaretten stand in der Luft. Es ging auf zehn Uhr zu, als Inge mir zuraunte: „Gleich ist es so weit. Schau, die Männer liegen schon auf dem Sofa."

Sie stand auf und ging in die Küche. Vorsichtig zermalmte sie die Tabletten und schüttete das Pulver in zwei Bierflaschen. Mit einem Löffelstiel rührte sie behutsam um.

„Kann da was passieren?", fragte ich. „Also, dass die nicht mehr aufwachen, meine ich?"

„Quatsch, da passiert nix", beruhigte mich Inge.

Die Männer hatten auch dieses Bier schnell vernichtet. Als sie planmäßig auf dem Sofa weggeduselt waren, schlichen wir uns aus dem Haus. Detlef schlief tief und fest, während ich mich in der Disco amüsierte. Es war herrlich.

Von da an mixte ich Detlef immer öfter einen Schlummertrunk.

In einer dieser Disconächte lernte ich Torge kennen. Die Tanzfläche war brechend voll. Der Tresen war in der Mitte des Saals, sodass man ganz um ihn herumgehen konnte. Ich stand dort mit Uta, einer Nachbarin, und trank Bier. Der DJ hatte gerade *AC/DC* aufgelegt. Nach einer Weile bemerkte ich auf der anderen Seite der Bar einen Typen. Eigentlich sah ich nur seine schulterlangen, schwarzen, dichten Haare und war fasziniert. Der Wahnsinn!

„Ey, guck mal der da drüben“, stupste ich Uta mit dem Ellenbogen an. „Krass, was der für eine Matte hat.“

Auch der Typ sah nun herüber und zwinkerte mir zu. Dann griff er sein Bierglas und kam langsam zu uns. Uta verzog sich.

„Hi, ich bin Torge“, stellte er sich vor und gab mir die Hand.

„Ich bin Helma.“

Torge war einen Kopf kleiner als ich, aber seine muskulösen Oberarme machten das wieder wett. Er erzählte, dass er gerade in der Ausbildung zum Fleischer stecke.

„Aha, da bekommt man solche Muckis“, flirtete ich.

Torge schmunzelte. Ihm gefiel das. Und mir gefiel Torge.

Wegen der lauten Musik mussten wir uns fast anbrüllen. Nach einer Weile gingen wir vor die Tür. Draußen konnten wir uns besser unterhalten. Torge war 19, also zwei Jahre jünger als ich. Und er lebte seit Jahren in einem Kinderheim, weil er keine Eltern mehr hatte.

„Wenn ich die Ausbildung fertig habe, bin ich da weg“, erzählte er. „Und du? Was treibt so eine hübsche Frau den lieben langen Tag?“

Sein Charme schmeichelte mir. Doch ich winkte ab. „Ich bin verheiratet, aber der Typ hat wirklich einen an der Waffel“, antwortete ich mit gespielter Coolness. Ich war nervös, und ich wollte Torge haben.

Ich erzählte ihm, dass Detlef mein Motorrad verkauft und meinen Job einfach so gekündigt hatte. Torge schüttelte entgeistert den Kopf. Er war ein guter Zuhörer. Ohne darüber nachzudenken, schüttete ich ihm mein Herz über meine schreckliche Ehe aus. Torge nickte verständnisvoll und tröstete mich.

„So ein Arsch. Wie kann man so eine tolle Frau wie Dreck behandeln? Das geht gar nicht!“

Seine Komplimente machten mich glücklich, und ich fühlte mich seit Langem mal wieder begehrenswert. Torge stellte sich auf meine Seite. Und dann kam eins zum anderen. Wir rückten näher, und schon lagen wir uns in den Armen und küssten uns. Alle meine Sorgen waren wie weggeblasen. Ich genoss die ungewohnte Vertrautheit in vollen Zügen.

Von diesem Abend an trafen wir uns immer öfter heimlich. Ich erfand Detlef gegenüber irgendwelche Ausreden. Einmal besuchte ich Torge auch im Kinderheim. Ich lernte den Heimleiter kennen. Der war wirklich nett. Torge hatte ihm von mir und meinen Problemen erzählt. Zu dritt saßen wir bei Kaffee zusammen, als der Heimleiter sagte: „Helma, so wie du lebst, das ist nicht richtig. Willst du wirklich dieses Leben weiterführen? Wäre es nicht besser, dass du dich trennst und erst mal alleine wohnst?“, fragte er.

Ich war platt. Da interessierte sich noch einer für mich und meine Probleme! Das hatte ich selten erlebt. Bisher wurde ich ja kaum gefragt, was ich wollte oder mir wünschte. Plötzlich fühlte ich mich nicht mehr allein. Wie Schuppen fiel es mir von den Augen. *Kann es wirklich so leicht sein?* Ich wusste, was zu tun war, und fasste einen Plan.

Kapitel 17

Bedrohlicher Schatten

Die günstige Gelegenheit kam bald. Es war Sonntagnachmittag. Detlef und ich fuhren auf der Landstraße. Wir kamen vom Geburtstag meiner Mutter. Die Straße war um diese Zeit wie leer gefegt. Kaum ein Auto war unterwegs. Ich saß am Steuer. Auf dem Beifahrersitz zu sitzen machte mich immer nervös. Es zuckte mir jedes Mal in den Beinen. Doch heute spürte ich selbst hinterm Lenkrad die Anspannung. Immer wieder war ich meinen Plan in Gedanken durchgegangen. Meine Freundin Uta war auch eingeweiht. Gemeinsam hatten wir eine bombensichere Strategie entwickelt.

Detlef war ahnungslos. Er döste neben mir vor sich hin. Mitten auf der Landstraße stoppte ich plötzlich das Auto. Detlef sah mich fragend an.

„Irgendwas stimmt mit den Reifen nicht", sagte ich ruhig zu ihm. „Schau doch mal nach."

Detlef stieg aus, ging um das Auto herum und beugte sich zu den Hinterreifen. In diesem Moment trat ich aufs Gaspedal und raste davon. Im Rückspiegel sah ich, wie Detlef mir hinterherbrüllte. Ich lachte kurz auf. Dann wurde ich ernst und konzentriert. Mir blieben nur 45 Minuten, bis Detlef zu Fuß nach Hause kommen würde, oder weniger, wenn er es per Anhalter schaffte. Ich hastete durch die Wohnung.

„Was nehme ich mit? Was ist wichtig? Was brauche ich?", murmelte ich vor mich hin.

Ich hatte ja schlecht vorher den Koffer packen und neben mein Bett stellen können. *Schnell. Beeilung!* Immer wieder linste ich durch die Gardine auf die Straße. Nichts zu sehen. *Was war das?* Hastig warf ich meinen Kopf Richtung Tür. *Ging da nicht der Schlüssel im Schloss? Detlef?* Ich lauschte angestrengt. *Nichts. Weitermachen.*

Fieberhaft raffte ich ein paar Sachen zusammen und stürmte aus der Wohnung zu meiner Nachbarin. Uta fuhr mich ins Kinderheim zu Torge.

Ich war in Sicherheit. Untergetaucht. *Geschafft.* Ich atmete durch. Meine Ehe mit Detlef war nach nur drei Monaten vorbei. Ich war ihn los.

Das glaubte ich zumindest.

Detlef schäumte vor Wut und mobilisierte meine Familie. Meine Mutter tobte. Mein Vater und die Oma machten sich Sorgen. Alle suchten nach mir, telefonierten herum. Drei Tage später fand meine Schwester Doris mich bei Torge. Sie war äußerst besorgt und verstand das alles nicht.

Dann endlich packte ich alles auf den Tisch. Ich erzählte Doris von den vielen Schlägen und auch den Gemeinheiten meiner Mutter. Dass sie immer Partei für Detlef ergriffen und sich niemals auf meiner Seite gestellt hatte. All das schilderte ich nun zum allerersten Mal meiner Schwester. Und mir wurde es leichter ums Herz. Doris war fassungslos. Sie hatte ja versucht, mich vor der Heirat zu ermutigen, mir alles noch einmal zu überlegen. Aber von der Gewalt hatte sie keine Ahnung gehabt. Wie denn auch? Mit diesem Tag wurde unsere Beziehung vertrauter.

Nach der Flucht von Detlef kam ich erst einmal im Heim und dann in einer Wohngemeinschaft unter. Die WG lag über einer Pizzeria in Heide, der Kreisstadt. Ich hatte mein eigenes Zimmer. Mit zehn Männern und drei Frauen teilte ich mir Küche und Bad. Es war eine lustige Zeit. Wir saßen oft zusammen, quatschten, kochten und gingen ins Kino oder in die Disco. Irgendetwas war immer los. Ich fand auch eine neue Arbeit in einem Supermarkt und verdiente wieder mein eigenes Geld.

Doch leider ließ sich Detlef nicht so schnell abschütteln. Das hatte ich nicht bedacht. Er bespitzelte mich, lungerte vor dem Supermarkt herum und beäugte den Personalausgang. Einmal erwischte er mich allein.

Nach Ladenschluss stand ich mit meinen Kollegen vor dem Eingang, und wir quatschten noch ein wenig. Als die anderen weg waren, ging ich zum Fahrradständer. Ich hatte ja keinen motorisierten Untersatz mehr. Auf dem Parkplatz stand nur ein einziges Auto. Den Schatten in der Ecke hatte ich nicht bemerkt. Auf einmal tippte mir Detlef von hinten auf die Schulter. Erschrocken wirbelte ich herum.

„Helma, kann ich mal mit dir reden?“, fragte er mit ruhiger Stimme.

„Da gibt es nix mehr zu reden“, entgegnete ich schroff.

„Ach, Helma, ich versuche mich zu ändern. Komm doch wieder zurück zu mir.“ Detlef bettelte fast.

„Hau ab, ich will nicht mehr“, antwortete ich und wollte auf mein Fahrrad steigen.

Da hob er den Arm, und ich zog instinktiv meinen Kopf ein. Detlef legte seine Hand in meinen Nacken und drückte meinen Kopf an seine Brust. Ich versuchte mich aus dem festen Griff zu lösen, aber er war zu stark. Panik kroch langsam in mir hoch. Ich wusste, dass Detlef unberechenbar war. Im Bruchteil einer Sekunde überlegte ich:

Was mache ich jetzt? Hier ist niemand. Ich bin allein. Ich tat, was ich immer für das Beste gehalten hatte: *Verhalte dich still! Ruhe bewahren.*

„Lass das sein", presste ich heraus, noch immer den Kopf hart an seiner Brust.

Doch Detlef drückte nur noch fester zu.

„Alles in Ordnung, Helma?", hörte ich plötzlich die Stimme des Filialleiters. „Brauchst du Hilfe?"

Blitzschnell ließ Detlef meinen Kopf los.

„Nee, alles in Ordnung. Danke", antwortete ich in seine Richtung und rückte meine verschmierte Brille zurecht. Die Situation war mir vor meinem Chef peinlich. Er stieg in sein Auto und fuhr weg. Ich wollte den Moment nutzen und mich aufs Rad schwingen, aber Detlef war schneller. Er holte aus und schlug mir mitten ins Gesicht.

„Du dumme Sau!", schnaubte er.

Von der Wucht des Schlages taumelte ich und fiel rückwärts in einen Wassergraben. Detlef rannte weg. In der Ferne hörte ich eine Wagentür zuschlagen und ein Auto mit quietschenden Reifen wegfahren.

Ich rappelte mich auf und spürte, wie etwas Warmes über mein kaltes Gesicht lief. Meine Nase blutete. Die Klamotten waren nass, und ich zitterte. Ich wollte nur noch weg, bevor Detlef noch einmal wiederkommen konnte.

Die Fahrt in die WG dauerte eine Ewigkeit. Es war Winter, und der Fahrtwind drang scharf durch meine nassen Klamotten. Als Torge von dem Angriff erfuhr, wollte er am liebsten direkt los und Detlef eine Lektion erteilten. Seine Fürsorge bewegte mich sehr. Er setzte sich echt für mich ein.

„Lass mal", bat ich ihn trotzdem. „Ich will nicht noch mehr Ärger." Außerdem wusste ich, dass Torge auch den Ruf weghatte, schnell mit der Faust zu sein. Ich wollte Schlimmeres vermeiden. Um seinetwillen.

Kapitel 18

Ein neues Zuhause

Mit Torge war ich jetzt fest zusammen. Er versuchte, so gut es ging, mich vor Detlef zu beschützen. Er kümmerte sich um mich, und das tat mir gut. Bei Torge fühlte ich mich sicher. Zur Polizei war ich nach den Übergriffen von Detlef nicht gegangen. Ich nahm an, dass man mir eh nicht geglaubt hätte. „Für die bin ich ja nur eine durchgeknallte Rockerbraut", winkte ich jedes Mal ab, wenn Torge oder meine Bekannten mich zu einer Anzeige bewegen wollten.

Wir zogen zusammen in eine kleine Wohnung. Anfangs hatten wir kein Geld für Möbel, nur mein Geschirr konnte ich aus der alten Wohnung holen, als Detlef nicht zu Hause war. Doch als meine Oma, die Mutter meiner Mutter, gestorben war, durfte ich mir Möbel aus der Haushaltsauflösung aussuchen. Ich borgte mir ein Auto vom Kinderheim und holte einige Sachen. Ein Nachttisch mit Marmorplatte, eine Tischuhr und einen alten Küchentisch. Der war der Hammer. Unter der Tischplatte konnte man eine Schublade herausziehen mit zwei Emailleschüsseln. Das wurde unser Spülbecken. Ich holte mir auch ein altes Küchenbüfett mit Glasscheiben und Behältern zum Rausziehen für Mehl, Zucker und Salz. Unser Kleiderschrank bestand lediglich aus einigen Nägeln, die wir in die Wand geschlagen hatten. Viele Klamotten besaßen wir eh nicht.

Unsere kleine Wohnung war meist voll. Aus dem Heim kamen uns häufig Jugendliche besuchen. Die fanden es toll, dass Torge jetzt eine eigene Bude hatte. Und auch mir gefiel es, dass sich die Leute wohl bei uns fühlten.

Torge und ich unternahmen viel zusammen; gingen ins Kino oder zur Disco oder machten Ausflüge. An Torge reizte mich besonders, dass er eine schnelle Hand hatte. Wenn mich jemand schief ansah oder anbaggerte, wurde er rasend eifersüchtig. Ich fand das großartig. So hatte ich meinen eigenen Beschützer. *Der liebt mich wirklich*, dachte ich immer wieder und hoffte, dass diesmal alles anders würde.

Mit Torge teilte ich auch die Leidenschaft fürs Motorradfahren. Er fuhr ein Moped, eine *Honda Mb8*. Nach einem unverschuldeten Unfall bekam ich eine Stange Schmerzensgeld und Schadensersatz von der Versicherung. Davon kaufte ich mir eine *Kawasaki Z550*. Wir fuhren beide auf Motorradtreffen und feierten mit den Kumpels.

Inzwischen arbeitete ich tagsüber in einer Sauerkrautfabrik. Torge war noch in der Lehre. Wir hatten damit zwar beide feste Einkommen, doch mit der Zeit wurde das Geld knapp. Sein Moped, mein Motorrad, ein Auto und die Miete verschlangen eine Menge Geld. Nebenbei jobbte Torge daher in einer Kneipe, und ich putzte abends in einer Disco und einer Bar. Oder ich fuhr abends Taxi.

Den Personenbeförderungsschein hatte ich in ein paar Monaten in der Tasche. Zur Vorbereitung kaufte ich mir einen Stadtplan von Heide. Die meisten Straßen und Ecken der Stadt kannte ich schon recht gut. Die Karte legte ich auf unseren Küchentisch und darüber eine durchsichtige Plastiktischdecke. So konnte ich morgens beim Frühstück die Straßen auswendig lernen. „Hier ist das Blumenviertel, und dort sind die Dichter-Straßen", fuhr ich mit dem Zeigefinger die Routen ab.

Ärztliches Gutachten, Sehtest und 30 Fragen musste ich zur Prüfung beim TÜV beantworten. Alles richtig! Dann hatte ich den gelben Lappen. Ich ging gleich zur Taxizentrale und bekam den Job. Fünf Mark die Stunde verdiente ich. Aber das Beste war, dass ich die neuesten Autos fahren durfte. Klar, mit alten Klapperkisten wollte niemand abgeholt werden.

Mein erstes Taxi war ein Mercedes. Die Polizei schaute häufig nicht so genau hin, wenn ich mit der flotten Kiste manchmal viel zu schnell durch die Stadt rauschte. Besonders am Sonntag oder nach Ende der Feiertage hatte ich Druck. Dann kamen die Soldaten zurück in die Kaserne. Das waren immer die coolsten Fahrten. Jeder Taxifahrer überschlug sich fast, um so viele Fahrten wie möglich zu machen. Im Zehn-Minuten-Takt fegten wir vom Bahnhof hin zur Kaserne und wieder zurück. Voll Speed. Oft bekam ich mehr Trinkgeld, als die Fahrt kostete. Ich quatschte die Leute während der Fahrt zu, damit sie automatisch mehr gaben.

Manchmal hatte ich auch Fahrten ins Rotlichtviertel. Dann holte ich eine Prostituierte ab und fuhr sie zur Privatadresse eines Kunden. Ich wartete dann meist ein bis zwei Stunden vor der Haustür im Taxi. Wenn der Termin erledigt war, fragte ich frech: „Wie war's?" Manchmal waren die Frauen gesprächig und lästerten über die Freier und ihre Vorlieben ab.

Torge und ich liebten Hunde. Eines Tages gingen wir ins Tierheim und verloren unser Herz auf der Stelle an Julchen. Der Irish Setter war mittelgroß, kastanienbraun und einfach ein Wirbelwind. Wir nahmen Julchen sofort mit. Doch unser Glück mit Julchen währte nicht lang. Ein Nachbar beschwerte sich über das ständige Bellen. Dabei war sie bei uns eigentlich ruhig. Doch wir erfuhren, dass sich einige Kinder tagsüber, wenn wir arbeiten waren, einen Scherz daraus machten, Julchen zu reizen. Sie ließen die Briefklappe an unserer Haustür immer wieder hoch- und runterscheppern. Julchen war jedes Mal außer Rand und Band und bellte das Haus zusammen. Eines Tages schnappte sie auch nach Rebekka, der kleinen Tochter meiner Schwester Doris. „Hä, spinnst du?", schimpfte ich Julchen aus und gab ihr einen Klaps auf die Nase. „Wo hast du das nur her?"

Der Tierarzt kannte Julchen und sagte uns, dass sie von ihrem Vorbesitzer misshandelt worden war. Eines Tages verletzte sich Julchen an einem Stacheldraht sehr schwer die Pfote. Die Wunde sah böse aus. Der Tierarzt nannte uns die Möglichkeiten: 250 Mark für die Operation oder 20 für die Spritze. Es fiel uns nicht leicht, aber wir entschieden uns für die Spritze und ließen Julchen einschläfern.

Danach waren Torge und ich tagelang unendlich traurig. Wir hatten Julchen so sehr in unser Herz geschlossen. Irgendwann rief meine Freundin Uta an: „Hallo Helma, ich habe da was für euch. Mein Hund hat Welpen, und zwei davon sind noch übrig. So kleine Taschenhunde. Wollt ihr einen haben?"

Und ob wir wollten!

Torge und ich fuhren zu Uta. Und da lagen sie. Wie süße kleine Wollknäuel drückten sie sich ganz eng an ihre Mutter. Ein Junge und ein Mädchen. „Oh, wie niedlich", sagte ich verzückt. Auch Torge war sichtlich berührt von den Welpen. „Reinrassig sind die aber nicht", sagte Uta. „Da ist ein Yorkshireterrier und irgendeine größere Rasse drin."

Uns war das egal. Ein Nachbar von Uta wollte auch einen Welpen nehmen, aber nur einen Rüden. Ausgerechnet der kleine Schwarze war der hübschere der beiden Hundebabys. Das war der einzige Wermutstropfen. Die Hündin sah nicht so toll aus. Ich nahm sie aus dem Korb und hielt sie nahe vor mein Gesicht. „Tja, dann müssen wir wohl dich nehmen, du graues Mäuschen", sagte ich und knuddelte sie. Wir nannten sie Julchen die Zweite.

Julchen wurde Torges und mein Baby. Über Wochen besuchten wir Uta und schauten der Kleinen beim Wachsen zu. Nach zehn Wochen zog sie bei uns ein. Wie frischgebackene Eltern kümmerten wir uns um sie. Überall nahmen wir Julchen mit hin. Julchen hier, Julchen da. Sie wurde unser Ein und Alles. Ob es das Laufen an der Leine war oder ordentlich Pipimachen: Über jeden Fortschritt freuten wir uns, als ob es ein Kind wäre, das gerade laufen lernte oder „Mama" sagen konnte.

Julchen wurde tatsächlich nicht größer als eine Handtasche. Manchmal packte ich sie an meine Brust in meine Jacke. Sie hatte wunderschönes teddybraunes Fell und eroberte die Herzen meiner Kumpels im Nu. Dutzende Fotos machten wir von ihr. Sie war der Star. Meine Nichte fuhr sie manchmal in ihrem Puppenwagen spazieren. Und Julchen ließ alles ruhig über sich ergehen. Es hätte mir das Herz gebrochen, sie wieder herzugeben. Noch ahnte ich nicht, dass ich Julchen bald verlieren würde.

Kapitel 19

Nie wieder Fußabtreter

Der Druck, am Ende des Monates noch genug Geld zu haben, belastete Torge und mich zusehends. In unserer Beziehung machte sich Unzufriedenheit breit. Wir stritten häufiger. Torge trank nun viel mehr als das übliche Feierabendbier. Nach Abschluss seiner Lehre fand er lange Zeit keine Stelle und jobbte immer öfter in der Kneipe. Er hing viel mit seinen Kumpels ab. Und leider nicht nur mit denen.

Ich hatte es schon munkeln gehört, dass er hier und da etwas mit einer anderen Frau haben solle. Doch ich wollte es nicht wahrhaben. Bis zu jenem Abend.

Ich saß im Taxi und wartete auf Kundschaft. Samstage waren gute Tage. Im Takt der Musik aus dem Radio trommelte ich mit den Fingern aufs Lenkrad. Vor ein paar Minuten hatte ich mit Torge telefoniert. Er hörte sich müde an und wollte gleich ins Bett gehen. Das Funkgerät rauschte. Die Taxizentrale schickte mich zur Diskothek. Ich fuhr los. Als ich vor der Disco hielt, kam ein Kumpel auf mein Auto zu. Ich stieg aus und lehnte mich gegen die Tür.

„Moin Helma, wie geht's?", fragte er.

„Jo, gut. Und selbst?"

Der Kumpel druckste rum. Ich witterte, irgendetwas stimmte nicht.

„Du, Helma, es wäre besser, du bleibst hier draußen. Torge ist drin und macht mit einer Frau rum."

„Ach, guck mal an. Ich dachte, der ist müde", sagte ich cool und schürzte die Lippen.

Ich drückte mich mit Schwung vom Auto ab und stieg wieder ein. Dann parkte ich den Wagen und stampfte in die Disco. Ich war aufgeregt, und mein Herz schlug heftig. Der Zigarettenrauch brannte in meinen Augen. Die Tanzfläche war brechend voll. Mit den Augen überflog ich den Raum und sah Torge am Tresen stehen. Er flirtete mit der Frau neben sich. *Geh nicht hin*, sagte ich mir.

Doch meine Beine schienen sich wie von selbst in Bewegung zu setzen. Als ich mich durch die Menschenmenge zum Tresen vorgekämpft hatte, knutschten die beiden bereits hemmungslos. Mir wurde heiß. Dieser Anblick wenige Meter vor mir war wie ein Hieb in die Magengegend. Für einen Moment blieb mir die Luft weg. Ich ging langsam zum Tresen, griff eine Bierflasche und stellte mich hinter die Frau. Torge sah mich mit weit aufgerissenen Augen an. Dann hieb ich der Frau ohne zu zögern die Flasche über den Kopf. Sie schrie vor Schmerz auf und hielt sich den Kopf. Ich würdigte Torge keines Blickes. Die umstehenden Leute stoben auseinander. Ich sagte kein Wort. Äußerlich gelassen drehte ich mich um und verließ die Disco. Im Taxi zündete ich mir eine Zigarette an und sog den Rauch heftig ein.

„Dieser Mistkerl", fluchte ich.

Ich warf die Kippe aus dem Fenster und machte die Taxischicht noch zu Ende. Danach fuhr ich zu einem Kumpel und übernachtete auf dem Sofa. Bei dem Gedanken, Torge jetzt in die Augen zu sehen, drehte sich mir der Magen um.

Ich fand keinen Schlaf und dachte nach. Über Torge, aber vor allem über mich. *Bin ich nicht selbst schuld? Habe ich nicht oft genug mitgesoffen? Bin ich auf Partys nicht auch hin und wieder im Zelt eines anderen aufgewacht? Bin ich wirklich besser als Torge?*

Über all dies grübelte ich in dieser Nacht nach. Meist gab ich mir nach Streitereien mit Torge die Schuld. Doch am Ende verziehen wir uns unsere Fehler, denn in unerklärlicher Weise waren wir voneinander abhängig.

Doch nach dem Abend in der Disco hatte ich die Nase voll. Ich fühlte mich hintergangen und gedemütigt. Dabei hatte ich mir nach der Ehe mit Detlef fest vorgenommen, dass mich nie wieder ein Mann so erniedrigen sollte. Ich machte kurzerhand mit Torge Schluss und schwor mir, keinem Mann mehr zu trauen. Nie wieder sollte mich ein Typ wie ein Fußabtreter behandeln und mich betrügen.

An nächsten Tag packte ich in unserer Wohnung einige Sachen zusammen und zog zu einer Freundin. Es fiel mir eigentlich nicht schwer, Torge hinter mir zu lassen. Das Schwerste überhaupt war, mich von Julchen zu trennen. Torge verbot mir, sie mitzunehmen.

Als ich die Tür hinter mir zuzog, standen mir die Tränen in den Augen. Julchen war im Flur hinter mir hergetippelt und hatte mich mit ihren braunen Augen angesehen. Im Treppenhaus spürte ich, dass sie hinter der Tür mit schief gelegtem Kopf nach mir lauschte. Es tat mir so weh, sie zurückzulassen. Diese kleine Hündin hatte ich so geliebt. Würde ich sie jemals wiedersehen?

Kapitel 20

„Wo soll ich hin, Eintopf?"

Ich blieb in Heide und suchte mir eine kleine Wohnung. Anfangs war es hart für mich, allein zu leben. Ich fürchtete mich vor der Dunkelheit, und wenn ich nach Hause kam, war niemand da. Andererseits wollte ich ganz neu beginnen und auf eigenen Beinen stehen. Und ich genoss es zunehmend, wieder Single zu sein.

Einige Tage nach meinem Auszug lernte ich Andrea in einem Bikerladen kennen. Ebenfalls Single und Motorradfahrerin. Das machte sie mir auf Anhieb sympathisch. Am Patch ihrer Kutte erkannte ich, dass sie zu einem Frauenmotorradclub gehörte. Wir kamen ins Gespräch. Welche Maschine? Umbauten? Das Übliche. Andrea fragte mich, ob ich nicht Lust hätte, bei ihnen im Club einzusteigen.

„Nee, lass mal. Kein Interesse", winkte ich ab.

Doch einige Wochen später gab ich dem Mädchen-MC doch eine Chance und fuhr zu einem seiner Treffen. Die Bikerinnen waren nett. Die meisten hatten ihre eigene Maschine, kannten sich mit Umbauten aus und zeigten auch eine gewisse Härte. Die Frauen trugen Lederkutten mit dem Colour* des MMCs. Die meisten von ihnen lebten in einer Stadt etwas weiter weg. Mir gefiel es, und ich sagte kurzerhand: „Okay, dann mache ich bei euch mit."

Ich bekam direkt das Voll-Colour – ohne lange Hangaround*- und Prospect*-Zeit. Die Frauen nahmen die Regeln nicht so streng. Sehr unprofessionell erschien es mir allerdings, dass ich mein Colour selbst sticken musste. Meine Schwester Doris half mir dabei. Ich kaufte mir eine Jeansjacke, trennte die Ärmel ab und franste die Nähte aus. Dann nähte ich auf den Rücken das Colour auf. Mit 23 Jahren war ich nun Member* in einem Club. Irgendwie war ich stolz, wenngleich ich mich erst daran gewöhnen musste, Teil einer festen Gruppe zu sein. Wir Frauen machten auch gemeinsame Ausfahrten mit Männer-MCs.

Trotz vieler neuer aufregender Sachen holte mich meine Vergangenheit ein. Denn Torge ließ nicht locker und wollte mich zurückhaben. Er verfolgte mich und lauerte mir auf. Wenn wir uns in der Disco oder in Heide zufällig über den Weg liefen, umwarb er mich mit netten Worten. Ich wollte aber nichts mehr von ihm wissen.

Irgendwann änderte er seine Taktik, tauchte auf Rockertreffen auf und bedrohte mich. Ich wusste, dass Torge rasend eifersüchtig war. Anfangs hatte sein Beschützergehabe mir noch imponiert, aber jetzt machte es mir Angst. Auf einem Treffen schlug er mir vor aller Augen ins Gesicht. Das kannte ich schon von Detlef. Ich tat zwar cool, doch wieder war es mir peinlich vor den Kumpels.

Später tickte Torge völlig aus.

Ich war auf einem Motorradtreffen und hatte schon ordentlich getrunken. Auf dem Weg zur Toilette im Clubhaus* rempelte mich unvermittelt jemand von hinten an. Der Stoß war so kräftig, dass ich stolperte und nach vorn hinfiel. Mitten hinein in einen Haufen Glasscherben. Doch ich war so betrunken und obendrein zugedröhnt, dass ich keinen Schmerz spürte. Erst als am nächsten Morgen ein Mädel vom Club in mein Zelt schaute, merkte ich, was geschehen war.

„Mensch Helma, was ist denn mit dir passiert?“, fragte sie erschrocken. „Dein Gesicht!“

Ich fasste mir an die Wange und spürte das verkrustete Blut. Bei dem Sturz am Vorabend hatte ich mir die Haut abgeschürft. „Dieser Dreckskerl“, zischte ich und schlug auf meinen Schlafsack. „Dann war das gestern Torge, der mich geschupst hat.“

Ich rappelte mich auf und tupfte mein Gesicht vorsichtig mit Wasser ab. Dabei ließ ich meinen Blick über die Zelte schweifen und erwartete, Torge hier irgendwo zu entdecken. Doch keine Spur von ihm. Die Mittagssonne brannte heiß auf meine Klamotten. Ich wollte nur noch nach Hause. Mein Kopf dröhnte. So schön die Treffen auch waren, ich brauchte den ganzen Sonntagnachmittag, um mich davon zu erholen. Oftmals fiel ich total kaputt daheim aufs Sofa und pennte durch.

Kurz darauf starteten wir die Motorräder und rauschten davon. Während der Fahrt spürte ich auf einmal etwas Feuchtes an meinem Bein. *Hä, was ist das denn?* Ich kannte das Gefühl, wenn mir etwas gegen die Beine schlug, und dachte erst, meine Kumpels hätten sich wieder einen Scherz erlaubt. Einmal hatten sie mir ein Schweineohr an die Maschine gebunden. Das flatterte mir dann zwischen den Beinen herum. Ich fuhr rechts ran und stieg ab. Meine Kumpels hielten mit an, und wir sahen uns die Maschine an. Nix. Kein Schweineohr.

„Och, nee", sagte mein Kumpel. „Da hat dir einer schön die Benzinleitung gekappt."

Torge!, schoss es mir gleich durch den Kopf. *So etwas Gemeines kann nur von ihm kommen.* „Krass, das war garantiert Torge", sprach ich meinen Verdacht laut aus. „Was mache ich denn jetzt?"

Zum Glück halfen mir die Jungs. Mit Isolierband umwickelten sie die Leitung, und einer hatte einen Kanister Benzin dabei. So kam ich wenigstens noch nach Hause.

Auf dem Marktplatz in Heide vor meiner Wohnung parkten wir die Maschinen. Ich hatte die Jungs noch zu einem Kaffee eingeladen. Plötzlich tauchte Torge auf. Er stand wenige Meter vor mir. In seinen Augen brannte die Wut.

„Ach, du bist gar nicht gestorben. Wie schade", sagte er verächtlich und grinste.

„Spinnst du? Dann warst du das letzte Nacht auch", schrie ich wütend zurück. „Ein Funke, und ich wäre vielleicht in die Luft geflogen."

Torge blieb unbeeindruckt. „Du blöde Schlampe hast es auch verdient zu sterben", keifte er und machte einen Schritt auf mich zu.

„Hau ab, du Blödmann, und lass mich in Ruhe", schrie ich jetzt noch lauter. Bestimmt konnte man mich über den ganzen Marktplatz hören. Auf jeden Fall bis zur Polizeiwache. Denn die war in Reichweite. Bevor die Sache eskalierte, waren auch schon zwei Polizisten da. Ich weiß nicht, wozu ich sonst fähig gewesen wäre.

„Alles in Ordnung? Macht der Stress?“, fragte ein Beamter und wies mit dem Kopf Richtung Torge.

„Und ob!“, sagte ich rasend vor Wut. Ich erzählte einem Polizisten von unserer Trennung, dem merkwürdigen Schubser auf dem Treffen, den Glasscherben und der gekappten Benzinleitung. „Der ist völlig übergeschnappt!“

Der andere Beamte hatte sich schon zu Torge gestellt, um im Notfall schnell einzugreifen. Torge war außer sich und brüllte mich an. Die Polizisten machten kurzen Prozess. In Handschellen wurde Torge auf die nahe gelegene Wache abgeführt. *Das hast du verdient*, dachte ich bei mir.

In meiner Wohnung angekommen, hängte ich mich gleich ans Telefon und rief meinen engsten Kumpel an. Er hieß mit Spitznamen Eintopf. Eintopf wohnte in einem anderen Ort, doch er setzte sich gleich auf seine Maschine und fuhr zu mir. Er wusste, dass Torge mich verfolgte und mir auflauerte. Als ich ihm von dem Treffen und der Benzinleitung erzählte, sagte er: „Helma, das bringt nix. Du musst hier weg.“

Spätestens nach dieser Aktion war auch für mich klar, dass es keinen anderen Ausweg gab. Ich musste erneut fliehen.

„Aber wo soll ich denn hin, Eintopf? Ich habe doch hier meine Wohnung, meine Arbeit und überhaupt kein Geld.“

„Ach Helma, kein Thema. Ich helfe dir. Ich regle das“, sagte er und wuschelte mir durch die Haare. Nach wenigen Anrufen war alles unter Dach und Fach. Er hatte mit ein paar Typen gesprochen, die mir eine Wohnung besorgen sollten und Arbeit.

„Wo, Eintopf? Wo ist das?“

„In Kiel!“

Kiel? Bis nach Kiel brauchte man eine Stunde. Und Kiel war groß, da war genug Platz, sich zu verstecken. Das fand ich auf Anhieb toll.

„In Ordnung, Eintopf, dann also Kiel!“

So floh ich ein zweites Mal vor einem Mann, der mich nicht gehen lassen wollte. Ich war 25 Jahre alt und hatte bislang nur das Landleben kennengelernt. Klar war ich öfter schon in Kiel gewesen und kannte dort ein paar Leute aus der Motorradszene. Aber ich hatte keine Ahnung, wie das Leben in der Stadt werden und was mich dort erwarten würde. Doch was sprach dagegen?

„In Ordnung, dann auf nach Kiel“, sagte ich noch einmal und umarmte Eintopf.

Kapitel 21

Hartes Pflaster

Die Aussicht, in Kiel den ganzen Mist mit Torge hinter mir lassen zu können, beflügelte mich. Auch wenn dies bedeutete, mir ein neues Leben aufzubauen. Doch ich war ja nicht allein. Eintopf hatte sich um alles gekümmert und gab mir Starthilfe für den Neuanfang.

Er mobilisierte einige Bekannte, und die besorgten mir eine Wohnung und Arbeit in einer Druckerei. Zum ersten Mal überhaupt fühlte ich mich wieder frei und unbekümmert. Und ich drehte richtiggehend auf. In meiner kleinen Wohnung gaben sich meine neuen Kumpels aus Kiel die Klinke in die Hand. Wilde, laute Partys wurden gefeiert – zum Leidwesen meiner Nachbarn. Von einer festen Beziehung hatte ich die Schnauze voll. Was nicht bedeutete, dass mir Männer egal waren. Ich wollte mich allerdings nicht wieder fest an jemanden binden. Den Männern, mit denen ich lediglich für eine Nacht zusammen war, war das ganz recht. So gab es keine Verpflichtungen. Für beide Seiten.

In Kiel bekam ich auch meine erste Tätowierung. Aus Jux und im Suff zerrten die Kumpels mich eines Abends zu einem Tätowierer.

„Mach Helma einen schönen Elefanten", sagten sie im Tätowier-Laden. „Einen kleinen auf die Schulter." Sie fanden, der passe am besten zu mir. Weil ich genauso sei wie ein Elefant im Porzellanladen, lachten sie. Also stach der Tätowierer los, und ich lachte mit. Es gefiel mir, dass die Kumpels mich mochten. Ich empfand es fast schon rührend, wie sie sich um mich kümmerten, und fühlte mich wohl. Wenn ich mal zu viel getrunken hatte, bekam ich meine eigene Eskorte. An die Ampel fuhren wir dann zu dritt ran – ich mit meiner Maschine in der Mitte. Auch vorn und hinten passten die Kumpels auf ihren Motorrädern auf, dass mir nix passierte. Verrückt!

In Schleswig-Holstein gab es mehrere Motorradclubs und Biker-Cliquen. Doch erst in Kiel lernte ich zum ersten Mal einen großen und durchorganisierten MC aus der Nähe kennen. Die Mitglieder solch großer Clubs mit Chaptern* in ganz Deutschland hielten sich an klare Regeln. Sie hatten festgelegte Statuten und eine geordnete Hierarchie. Der Präsi hatte das letzte Wort. Und die Mitglieder waren wie Brüder einer Familie. Ihr Club gab ihnen Identität und Schutz. Bedingungsloser Zusammenhalt von außen nach innen bildete die Festung. „Einer für alle, alle für einen", waren keine leeren Worte. Geriet ein Bruder durch einen Unfall in finanzielle Not oder weil er in den Knast musste, stand die Bruderschaft hinter ihm. Nicht selten war der Club für Member wichtiger als die eigene Blutsverwandtschaft.

Und nicht jeder wurde in solch einen Club aufgenommen. Das Colour bekam man erst nach intensiver Prüfungszeit, wenn zuvor die bedingungslose Loyalität dem Club gegenüber auf die Probe gestellt worden war. Wenn das Colour des MCs endlich auf der Kutte eines Members prangte, war der Blutsbund geschlossen. Ein neuer Bruder konnte sich dem Rückhalt und dem Schutz der ganzen Gemeinschaft sicher sein.

Aber das Colour verpflichtete auch. Denn ein Member vertritt seinen Club schließlich auch nach außen. Er wird von anderen in der Szene beurteilt. Baut ein Member Mist oder benimmt sich daneben, fällt das auf den ganzen Club zurück. Mitglied solch eines mächtigen und einflussreichen MCs zu werden, ist durchaus eine Entscheidung auf Lebenszeit. Viele Biker lassen sich das Colour ihres Clubs auch in die Haut tätowieren.

Für Frauen ist die vollwertige Mitgliedschaft in einem der großen MCs nahezu ausgeschlossen. Wer nicht die Ehefrau oder feste Freundin eines Members ist, ist nur schmückendes Beiwerk und wird nicht selten von Bruder zu Bruder weitergereicht. Harte Kerle, heiße Maschinen und wilde Partys mit Drogen, Alkohol und schnellem Sex: Auf diese Mischung fahren viele Frauen ab. Einige haben einen speziellen Patch. Das *Property of …* zeigt an, zu wem die Ehefrau oder feste Freundin gehört. Es schützt sie in der Szene. Die Frau eines Bruders anzumachen, ist ein absolutes Tabu.

Micha war ein angesehenes Mitglied im Kieler Chapter solch eines großen MCs. Ich lernte ihn im Frühling 1988 auf der Party eines anderen Clubs kennen. Er trug eine Lederjacke und schwere Stiefel. Als sein Club vor dem Clubhaus vorfuhr, vibrierte die Luft. Jedes andere Geräusch wurde vom Knattern und Brummen der Maschinen übertönt. Ich war echt beeindruckt. Die Bikes wirbelten eine Staubwolke auf, die sich erst nach und nach wieder legte. Und ich war fasziniert, in welcher Ordnung die Maschinen geparkt wurden.

Ich amüsierte mich auf der Party prächtig. Es war meine Szene, meine Welt. Meine Kutte zeigte den anderen Rockern, dass ich zu einem Frauen-MC gehörte. Das machte mich stolz.

Nach einer Weile musste ich aufs Klo. Also stiefelte ich los und steuerte den Toilettenwagen an. Plötzlich sah ich, wie ein Typ auf eine Frau einprügelte. Die Frau lag im Graben und krümmte sich.

„Du elende Drecksau“, keifte der Mann und trat mit dem Fuß auf sie ein.

Was ist das denn? Sind die besoffen?, dachte ich. Ich wollte schon weitergehen, denn so etwas passierte eben ab und zu auf Treffen. Da mischte man sich besser nicht ein. Doch plötzlich tauchte Micha hinter mir auf. Er musste wohl auch aufs Klo. Als er die Situation erfasste, ging er auf den Typen los. Er packte ihn an der Kutte und zog ihn von der Frau weg. Dann drückte er ihn zu Boden.

„Halt dich zurück!“, warnte Micha keuchend. Sein Gesicht war nah an dem des anderen. Micha blickte ihn mit aufgerissenen Augen an. „Halt dich zurück, sag ich dir!"

Die Luft war aufgeladen. Der andere schnaufte.

„Okay, Micha, ganz ruhig", wehrte er mit erhobenen Händen ab. „Schon gut, alles gut."

„Hast du dich im Griff, Alter?" Micha lockerte seinen Griff, klopfte ihm auf die Schulter und half ihm auf.

„Hey, klar, alles gut. Komm, hol dir ein Bier und lass uns feiern." Der Typ zog ab.

Aus einiger Entfernung hatte ich beobachtet, wie Micha die Sache geklärt hatte. Nun ging ich näher heran, um zu sehen, ob die Frau schwer verletzt war. Aber sie hatte sich schon wieder aufgerappelt und war weg.

Micha stand jetzt neben mir.

„Sie ist die Freundin des Typen", sagte er, während er sich Grashalme und Staub von der Hose abklopfte. Dann zog er wieder ab.

Mein Puls raste. Ich war schwer beeindruckt von der Autorität, die Micha ausstrahlte. *Der hat einen Plan. Der hat die Lage geklärt. Was für eine Macht!*, dachte ich.

Bei der Aktion hatte Micha seine Mütze verloren, was er jedoch erst bemerkte, als er wieder am Tresen lehnte. Ich stand etwas abseits. Die Musik krachte laut aus den Boxen. Micha beugte sich zu dem Mann hinter dem Tresen und brüllte: „Hey, ich habe meine Mütze verloren, und ich will, dass sie in den nächsten Minuten wieder auf meinem Kopf sitzt."

Gerade in dem Moment ging die Musik aus. Jeder musste mitbekommen haben, was Micha gefordert hatte. Breitbeinig und mit verschränkten Armen stand er da. Der DJ packte das Mikrofon und machte die Ansage: „Hey Leute, alle mal herhören. Michas Mütze ist weg. Er steht am Tresen und wartet darauf."

Es dauerte keine zehn Minuten, da saß die Mütze wieder auf seinem Kopf. Der Staub war abgeklopft. Kein Krümel fand sich daran. Ich war platt. *Die machen, was er will*, ging es mir durch den Kopf. *Stark und mächtig.*

Im Juni 1988, ein paar Wochen später, traf ich Micha wieder. Es war während der Kieler Woche, der jährlichen weltbekannten Segelregatta. Am Hafen herrschte Volksfeststimmung. Die Sonne strahlte. Ich schlenderte mit Eintopf und Andrea, der Präsidentin meines Motorradclubs, zwischen den Festbuden herum. Im Gewimmel entdeckten wir Micha. Er hatte uns auch gesehen und kam auf uns zu. Zwar mit dem gehörigen Respekt, doch gelassen locker begrüßte ich ihn per Handschlag. Nach etwas Small Talk schlug Micha vor, in eine Kneipe zu gehen.

Am Tresen genossen wir das kühle Bier. Die Stimmung war entspannt. Erstaunlich schnell fanden Micha und ich einen Draht zueinander. Andrea ignorierte er. Das fiel mir gleich auf, und ich spürte, dass Micha sie als Präsi offenbar nicht ernst nahm. Mich hingegen musterte er aufmerksamer.

„Was fährst du für eine Maschine?", fragte er mich und zog an seiner Zigarette.

„Ne *Kawa Z750*", antwortete ich cool. Die linke Hand hatte ich lässig in die Hosentasche gesteckt, in der rechten hielt ich ein Bier. Ich vermied es, Micha offen meine Bewunderung zu zeigen.

Dann stieß er sich mit dem Arm vom Tresen ab und beugte sich zu mir. „Komm, lass uns was trinken gehen."

Für einen Moment war ich verunsichert. *Was ist los? Will der was von mir?*, dachte ich. Andererseits fühlte ich mich auch geehrt. *Der Typ will mit mir weg, nicht mit Andrea. Krass!* Sie schaute ebenso perplex wie Eintopf, als Micha vorausging und ich hinterher.

Micha drehte sich noch einmal um und schmunzelte über die verdutzten Gesichter: „Keine Angst, ich pass schon auf."

Ich grinste. In einer anderen Ecke der Kneipe plauderten wir über dies und das.

„Ich habe schon von dir gehört", sagte er auf einmal.

„Ach ja, was denn?"

„Na ja, es spricht sich schnell herum, wer was draufhat."

Die Antwort stellte mich zwar nicht ganz zufrieden, aber ich wollte nicht nachbohren. Das hätte den falschen Eindruck vermittelt, so als ob ich scharf wäre auf Komplimente oder so. Aber ich fühlte mich geschmeichelt. Natürlich gab ich mich cool wie immer, doch ein wenig verlegen war ich schon. Das zeigte ich Micha aber nicht.

Seitdem hing ich öfter mit Micha und seinen Leuten ab. Andrea wurde weiter ignoriert, was in der Szene einer Erniedrigung gleichkam. Normalerweise war immer der Präsi eines Clubs bei Verhandlungen erster Kontakt. Bei den wichtigen Sachen war ich nun dabei.

Auch andere MCs lernte ich kennen und immer mehr Rocker. Meine Bikerwelt von früher kam mir jetzt richtig dörflich vor. Meist war es bei uns nur ums gemeinsame Saufen und Partys gegangen. Wenn es sich ergab, droschen wir aufeinander ein, egal worum es ging. Doch in Kiel kam mir das Pflaster fast schon gehoben vor – und um einiges härter.

Man vertraute mir. Das wusste ich ganz sicher, als ein Rocker vor mir seinen Kofferraum voller Waffen öffnete. Da wurde es mir ganz heiß. Neugierig, wie ich war, ließ ich mir erklären, welche Waffen man wozu benutzte. Doch eine abgesägte Flinte oder Ähnliches wollte ich nicht haben. Das ging mir dann doch zu weit. Aber irgendetwas brauchte ich schon. Mit einer Drahtbürste würde ich wohl kaum jemandem Angst einjagen – mit einem Messer schon. Seitdem trug ich in meiner Jackentasche immer ein Messer bei mir. Man konnte ja nie wissen, und ich wollte vorbereitet sein, um mich zu verteidigen.

Gegen wen? Das sollte sich noch zeigen.

Kapitel 22

„Mach deinen eigenen Club“

Anfang 1989 brodelte es in unserem Frauenclub. Unser offizielles Clubhaus lag außerhalb von Kiel in einer anderen Stadt. Ich und einige andere Frauen hatten keinen Bock mehr, im Winter die weite

Strecke zu fahren. Außerdem zickte Andrea ständig herum wie ein Mädchen. Seit ich mit den Jungs von Kieler MCs immer häufiger abhing, hatte ich nur noch wenig Respekt vor ihr als Präsi. Andrea war außerdem angepisst, dass ich in die Szene eingeführt worden war und nicht sie.

Als Micha einmal etwas besorgen wollte, sollte ich mit. Andrea protestierte und pochte auf ihr Recht.

„Nee, nee, kleine Mädchen kommen nicht mit", grinste Micha sie an. Das war eindeutig. Andrea versank vor Scham fast im Boden.

Dann fuhren wir los: „Besorgungen" machen. Es ging üblicherweise um Waffen. Einer vom Club gab mir einen Koffer mit. „Pass gut darauf auf", sagte er zu mir. „Der wird später bei dir abgeholt." Gehorsam legte ich ihn in meiner Wohnung unters Bett. Ich wollte alles richtig machen und niemanden enttäuschen. In den Koffer schaute ich nicht hinein, ganz entgegen meiner Neugier. Aber aus irgendeinem Grund war mir die Sache nicht ganz geheuer. Es war das eine, mit den Jungs rumzuhängen, und ein anderes, in krumme Geschäfte einzusteigen. Aber war ich nicht längst schon mittendrin?

Ein paar Wochen später stellte mir ein Rocker eine nagelneue *Kawasaki GBZ 750* vors Haus. Ich war total perplex. „Mit schönem Gruß von Micha", bestellte er. Ich wusste, dass Motorräder in der Szene schnell mal den Besitzer wechseln konnten, auch ohne Kaufvertrag. Das zu wissen, war das eine. Aber mitmachen? Nee danke.

„Eh, tickst du noch richtig?", sagte ich zu dem Rocker. „Die Maschine kommt vom Hof. Die nimmste gleich wieder mit."

Dennoch musste ich mir eingestehen, dass es mir stark imponierte, wie Micha mich unter seine Fittiche nehmen wollte. Er war es auch, der mich im Frühjahr 1989 auf eine zündende Idee brachte.

Wir standen abends bei einem Bier in einer Kneipe zusammen, und irgendwie kamen wir auf Andrea zu sprechen. Mir stank es schon seit einiger Zeit, dass mein Präsi keinen wirklichen Durchblick hatte, wie ein Club ordentlich zu führen war. Sie zickte herum und war eifersüchtig auf mich. Außerdem war Andrea so unorganisiert. Das nervte.

„Andrea ist lächerlich. Du machst dich lächerlich", sagte Micha zu mir. „Mensch, Helma, du bist so weit. Mach deinen eigenen Club. Ihr seid doch die Queens."

Ich war baff und für einen Augenblick sprachlos. Ich vertraute Micha, er stand zu mir und gab mir das Gefühl, etwas zu sein. Aber ein eigener Club, das war schon eine andere Nummer. Das bedeutete, Verantwortung zu übernehmen und einen Plan zu haben. Doch andererseits hatte es auch echt was, Präsi eines eigenen Clubs zu sein.

„Stimmt, hast eigentlich recht, Micha, aber wie soll das gehen? Ich habe gar keine Ahnung, wie man einen Club hochzieht."

Micha legte seine Hand auf meine Schulter und drückte sie. „Keine Sorge, ich helfe dir. Mein Club gibt dir Schutz, und wir passen auf euch auf."

In der Rockerszene gibt es eine Reihe ungeschriebener Gesetze. Eines davon betrifft die Gründung von MCs. Wer einfach so als neuer Motorradclub in der Szene auftaucht, macht sich nicht nur unbeliebt: Er kann sich sogar mächtig Ärger mit benachbarten MCs einhandeln. Denn häufig stellen MCs Gebietsansprüche, über die sie streng wachen. Obwohl mir nicht der Sinn nach einem richtigen MC stand, brauchte ich aber einen starken Club hinter mir. Michas MC bot mir nun die nötige Anerkennung und Schutz. Also warum eigentlich nicht?

„Okay, Micha, dann gründe ich meinen eigenen Frauenclub."

Micha lachte, nickte und bestellte zwei Schnäpse. „Lass uns das begießen. Auf dich und den Club."

Der Schnaps brannte, und eine angenehme Wärme breitete sich in mir aus.

Kapitel 23

Die Queens of the Road

Die besten Ideen entstehen oft aus einer Bierlaune heraus. Statt einen dicken Kopf zu haben, sprühte ich am nächsten Morgen vor Tatendrang. Ich machte Ernst. Auf einem unserer nächsten Treffen sagte ich Andrea und dem MMC, dass ich aussteigen und einen eigenen Club gründen wolle. Einige Frauen fanden die Idee klasse und schlossen sich mir an. Andrea drehte völlig durch, aber sie konnte uns nicht halten.

Für mich lag der Name praktisch auf der Hand. Wir wurden die *Queens of the Road* – die Königinnen der Straße. Und ich war die Präsidentin. Durch die Freundschaft zu Michas MC wurden wir auch von anderen Clubs respektiert. Die meisten Frauen, die bei den *Queens* einstiegen, waren blond. Gemeinsam mit einem Tätowierer entwickelten wir unser Colour. Es war uns wichtig, dass ein Frauenkopf zu sehen war. Der Tätowierer setzte alles, was uns wichtig war, in ein Bild um. Und er machte das großartig.

Am Ende zeigte unser Colour das Gesicht einer Frau zwischen zwei Berghängen. Ihre Augen waren stahlblau und die Lippen knallrot. Ihre blonde Haarmähne umwehte ihr Gesicht. Links und rechts auf den Bergplateaus standen zwei Motorräder. Eines symbolisierte meine *Kawa Z750*, und das zweite war eine *Chopper*. Über allem thronte eine rote Sonne. *Freiheit*. Genauso fuhren die *Queens* mit ihren Maschinen in den Sonnenuntergang. Unter dem Bild stand auf rotem Untergrund der Schriftzug *Schleswig-Holstein* und darüber *Queens of the Road*. Als unser Colour fertig war, waren wir mächtig stolz. In Hamburg gaben wir es bei einer Stickerei in Auftrag. Denn ich wollte es von Anfang an professionell angehen. Nix mit Selbersticken wie bei Andrea.

Ostern 1989 auf einer Motorradmesse in Husum standen wir Frauen zusammen und entfernten Naht für Naht unser altes Colour von den Kutten und nähten das Colour der *Queens of the Road* auf die

Kutten. Natürlich wurde das ordentlich begossen. Nun trug ich als Präsi die Verantwortung für die *Queens*. Ich wollte ein guter Präsi sein und aus den *Queens*, wenngleich Frauen, auch eine feste Bruderschaft machen. Die *Queens* sollten geachtet werden, als Member, die füreinander einstehen. Und ich musste sie dahin führen und beschützen und wachsam sein. Ein unpassender Augenaufschlag, eine falsche Geste mir und meinen Mädels gegenüber, und ich würde die Sache in die Hand nehmen.

Kapitel 24
Über Leichen

Von Anfang an wollte ich Ordnung und Struktur in unserem Club. Wir hatten zwar keine eigene Satzung, aber dafür stellte ich Regeln auf. Alle hören auf Helma: Das war Regel Nummer 1. Die Frauen mussten außerdem ein Motorrad haben und ohne Hilfe auf- und absteigen können. Ich fand es nämlich lächerlich, dass Andrea immer jemanden beauftragt hatte, ihr die Maschine vor den Kantstein zu schieben, weil sie nicht richtig mit den Füßen rankam. Ich hatte schon Biker gesehen, die auf Zehenspitzen stehen mussten, um ihre Karre zu halten. Ich fand es auch zum Schießen, wenn ich Männer mit kurzen Beinen auf ihren Maschinen an der Ampel sah. Die legten dann die Karre immer links runter, und bei Grün zogen sie sie wieder hoch. Oder noch schlimmer, sie hielten sich am Nebenmann fest. Alles schon gesehen. „Hey", sagte ich zu den *Queens*, „wenn ihr unbedingt eine größere Maschine haben wollt, dann speckt eure Sitzbank ab." Einige taten das auch. Jede *Queen* musste ihre Maschine selbst beherrschen und nicht die Maschine die Frau.

Ich erwartete bedingungslosen Gehorsam und Zusammenhalt.

Beim Aufnahmeritual wurde einer Frau das Motorrad hingelegt, und sie musste es alleine hochbringen. Niemand half ihr dabei. Nur, wer sein Motorrad beherrschte, war würdig, bei den *Queens* mitzufahren. Selbst wenn die Clubregeln nicht so streng waren, trugen Hangarounds am Anfang einen rosa Aufnäher. Darauf stand *Princess*. Auch ein Prospect bekam eine Kuttentaufe.

Ich hatte das Sagen. Ein Nein akzeptierte ich nicht. Auf Motorradtreffen und Partys passte eine auf die andere auf. Wie in einer „Bruderschaft". Das war mir sehr wichtig. Wenn eine *Queen* Stress hatte, war die andere für sie da. Auch bei Schlägereien. Wurde eine *Queen* angegriffen, griff man den ganzen Club an. Egal ob Mann oder Frau: Jeder sollte vor uns Respekt haben. Darin fand ich eine gewisse Befriedigung. Achtung zu bekommen, bedeutete für mich gleichzeitig, Macht zu besitzen. „Wir sind die, vor denen uns unsere Eltern immer gewarnt haben", war mein Motto.

Die *Queens* wurden schnell bekannt in der Szene, als Schwestern, die zusammenhielten. Egal, was kam. Wir Frauen hingen auch unter der Woche viel miteinander ab. Die meisten waren Singles und hatten eine Arbeitsstelle. Schließlich kostet ein Motorrad eine Stange Geld. An den Wochenenden feierten wir auf Motorradtreffen und prügelten auch mal mit, wenn es nötig war. Ich schlug meist zuerst ins Gesicht oder auf den Kopf, so wie meine Mutter mit dem Feuerhaken. Durch den Adrenalinschub spürte ich selbst kaum die Schmerzen, wenn ich getroffen wurde.

Weil die *Queens* unter dem Schutz eines großen MCs standen, wurden wir von anderen Clubs in Ruhe gelassen. Ich hatte mir schnell einen Namen gemacht und durfte auch bei Versammlungen anderer Präsis teilnehmen.

Der Schutzclub war noch in anderer Hinsicht von Vorteil. Ein Motorradhändler wollte mich nach einer Reparatur an meiner Maschine über den Tisch ziehen. „Die ist ja nur eine Frau, die keine Ahnung hat", dachte er wohl und schrieb mir eine höhere Rechnung für Ersatzteile als üblich. Ich war sauer und erzählte Micha davon. „Morgen hast du dein Geld wieder", beruhigte er mich. Tatsächlich drückte mir am nächsten Tag einer vom Club ein Bündel Geldscheine in die Hand.

„Mit schönem Gruß vom Händler", grinste er. „Extra für dich hat er es umsonst gemacht."

Ich war platt. Kolbenringe, Kettensatz und Bremsen an meinem Motorrad waren neu. Und alles für lau. Wie sie den Händler zu dieser „Freundlichkeit" gebracht hatten, wollte ich nicht wissen.

Die meisten *Queens* waren ja ohne feste Beziehung, aber das hieß nicht ohne Mann. Wenn eine Frau von einem anderen Club herumzickte, weil sich eine *Queen* an ihren Typen rangemacht hatte, wurde der Konflikt im äußersten Fall mit den Fäusten geklärt. Eigentlich hatte ich nie schlimmere Verletzungen, bis im Sommer 1989 ein richtig mächtiger MC das Gebiet in Kiel übernehmen wollte.

Mit vierzig Mann fuhr der eines Tages vorm Clubhaus eines Kieler MCs vor, um sich zu präsentieren. Ihre Autos hatten vergoldete Felgen, und die Harley Davidsons funkelten vom vielen Chrom. Die Tachos der Maschinen zeigten nur wenige gefahrene Kilometer, und die Member trugen einheitliche Kleidung. Ihr Auftreten imponierte mir durchaus. Ich kam mir in meiner zerschlissenen Jeans plötzlich ziemlich bäuerlich vor.

Gerade stand ich im Clubhaus mit einer neuen Anwärterin für die *Queens* zusammen. Ich bezweifelte, dass die Frau zu uns passte, aber ich wollte mich mal mit ihr unterhalten. Doch mein Gespür sollte mir recht geben. Ziemlich naiv schmiss sie sich nämlich an einen Typen dieses mächtigen MCs ran. Sie hatte keine Ahnung, was sie damit provozierte. Natürlich kassierte sie daraufhin von dessen Freundin einen Schlag mit deren High Heels auf den Kopf. Blut lief über ihr Gesicht. Ich kochte vor Wut. Auch wenn die Frau noch nicht zu den *Queens* gehörte: Ich war Präsi und für meine Mädels verantwortlich. In dem Fall auch irgendwie für sie. Verchromte Armaturen und schicke Motorradstiefel hin oder her. *Das geht gar nicht!*

Mutig stürzte ich mich auf die Tussi des MCs und schlug zu. Es gab ein Gerangel. Ich wusste, dass hinter dem Tresen ein Hammer lag. Für alle Fälle. Also langte ich hinüber, griff den Hammer und verpasste der Frau eine. Doch plötzlich wurde alles schwarz um mich herum. Ich nahm nur noch schemenhaft wahr, wie sich der Notarzt über mich beugte und ich ins Krankenhaus gefahren wurde. Irgendwer hatte mir von hinten eins übergebraten.

Erst in der Klinik kam ich wieder zu mir. Mein Kopf dröhnte, und ich war ziemlich benebelt. Ich hatte eine üble Kopfwunde, die genäht worden war. Im Clubhaus musste es zu einer Massenschlägerei gekommen sein, denn es lagen noch andere Rocker im Krankenhaus. Doch Unkraut vergeht nicht so schnell. Am Abend verließen wir alle die Klinik und schworen uns, die Sache richtigzustellen. *Rache!*

Schnell ging das Gerücht um, auch die Frauen des anderen Clubs wollten das Ganze nicht auf sich beruhen lassen.

„Helma, der Club will uns fertigmachen. Uns als ganzen Club", sagte mir eine der *Queens*, als wir zusammenstanden. Ihre Stimme zitterte. Ich lachte nur verächtlich auf. In dem Moment kam Achim, einer meiner Kumpels, hinzu.

„Mensch, ich habe gehört, was man euch angetan hat", sagte er. „Hör zu." Achim flüsterte nun fast und beugte sich zu mir. „Ich habe eine Idee. Komm mit."

Wir fuhren zu einer Garage. Dort holte er eine Schrotflinte hervor und präsentierte sie mir. „Warte, die machen wir noch zurecht." Er sägte das vordere Ende so kurz ab, dass er die Waffe unter seiner Jacke verstecken konnte. „Für alle Fälle", sagte er. „Es wird Zeit, dass wir was gegen diese brutalen Schweine unternehmen."

Er meinte den mächtigen MC, der sich in Kiel breitmachen wollte. Ich wurde nervös, doch ich ließ es mir nicht anmerken. Wir waren schließlich im Recht. Ich prüfte den Sitz meines Messers in meiner Tasche und sagte entschlossen: „Okay, ich bin bereit. Abmarsch."

Wir trafen uns mit einigen anderen Rockern. Sie waren unerschrocken und zu allem bereit. Ihnen blieb nichts anderes übrig. Entweder die *Queens* oder die Tussi des MC würden von der Bildfläche verschwinden. Wir besprachen die Lage, als würde uns ein großes Gefecht bevorstehen. Ich sollte allein mit den Männern losziehen. Die hatten allesamt Schrotflinten dabei. Meine Wunde am Kopf brannte, als ich den Helm aufsetzte. Wir warfen unsere Maschinen an und rauschten gemeinsam zurück zum Clubhaus.

Die Party war noch im Gange. Wegen einer Schlägerei unter

Frauen wurde nicht gleich der ganze Rummel abgeblasen. Mein Adrenalinpegel stieg, doch ich hatte keine Angst. Die Jungs waren ja bei mir. Von denen wusste ich, dass sie über Leichen gingen. Die kannten keine Gnade. Für die war klar, man hatte mich verletzt, und das musste gerächt werden. Sie waren bereit zu kämpfen. Und sie kämpften gerne.

Doch im Clubhaus waren keine Frauen mehr zu sehen. Offenbar hatte der MC etwas geahnt und seine Frauen außer Schlagweite gebracht. Obwohl die Spannung förmlich in der Luft lag, ließ man mich und die anderen in Ruhe. Wir beruhigten uns ebenfalls und ließen die Waffen unter der Jacke. Am Ende tranken wir sogar noch gemeinsam Bier am Tresen. Ich fand es cool, dass die Rocker dieses MCs auf Zickenkrieg keinen Bock hatten. Noch ahnte ich nicht, dass der MC in den nächsten Tagen zum großen Schlag ausholen würde.

Am Wochenende darauf kam es auf einem Motorradtreffen zu einer Massenschlägerei, bei der auch ich einiges einstecken musste. Die *Queens* wurden zuerst angegriffen. Tage später, bei einer Nacht-und-Nebel-Aktion, wollte der MC die Kieler Clubs plattmachen und ganz Norddeutschland übernehmen. Schon früher waren die Rocker schwer bewaffnet auf Treffen oder Partys aufgetaucht und hatten die Präsis lokaler Clubs unter Druck gesetzt. Doch die meisten lehnten eine Übernahme ab. Sie wollten sich nicht einwickeln lassen wie blöde Fischköppe. Wochen später brach dann der offene Konflikt zwischen den lokalen MCs und diesem mächtigen Club am Strand von Kiel aus. Kugeln schwirrten durch die Luft. Es gab Tote und Schwerverletzte.

Doch der mächtige Club musste einpacken und ließ die Szene in Ruhe.

Vorerst.

Kapitel 25

Im Graben

Während meiner Zeit in Kiel wechselte ich immer wieder die Jobs. Den Tollsten hatte ich als Lkw-Fahrerin bei einer kleinen Spedition. Nach Supermarkt, Sauerkrautfabrik und Druckerei war das der beste Arbeitsplatz. Wegen meiner großen Oberweite hatten sich frühere Chefs oft an mich herangemacht und wollten mich ins Bett kriegen. Der Chef bei der Spedition dagegen war toll.

Ich verdiente genug Kohle, dass es zum Leben reichte. Und ich bekam obendrein Prozente auf Auto- und Motorradteile. Vor den Wochenenden lud ich dann meine Maschine voll mit Kettensätzen, Öl und Bremsbelägen und verkaufte sie auf den Treffen an Biker. Günstiger Preis, Lieferung frei Haus. Ich entpuppte mich als geschickte Geschäftsfrau. Das war die bis dahin beste Zeit meines Lebens. Ich hatte einen eigenen Club, die Mädels zickten nicht rum, und ich war angesehen bei anderen Präsis. Meine Beziehungen hielten weiterhin nicht länger als eine Nacht; ich genoss das freie Leben. Ich bestimmte, wo es langging. Nichts sollte sich ändern.

Bis zu meinem Unfall.

Auf einem Rockertreffen hatte ich wieder einmal zu viel getrunken. Mit ein paar Typen geriet ich in Streit über irgendetwas, und wir prügelten uns. Nach der Schlägerei hatte ich die Schnauze voll, setzte mich aufs Motorrad und raste wütend davon. Ich wollte nur noch nach Hause. Weg von dem ganzen Mist. Es war stockdunkel, und die frische Luft verstärkte die Wirkung des Alkohols. Vor meinen Augen verschwamm die Fahrbahn, und ich riss meine Augen weit auf und schüttelte immer wieder den Kopf, um klarer zu sehen. In einer Kurve verlor ich jedoch die Kontrolle über die Maschine und wurde bei voller Geschwindigkeit in einen Graben geschleudert. Das Motorrad blieb schwer auf mir liegen.

Für Sekunden stand die Welt um mich herum still. Alles schien wie in Watte gepackt. Dann hörte ich wieder die Rockmusik, die über die

Wiese dröhnte. Musik, Menschen, Motoren. Ich war offenbar nicht weit gefahren. Also nahm ich all meine Kraft zusammen und versuchte um Hilfe zu schreien. Doch mehr als ein erschöpftes Rufen brachte ich nicht heraus. Niemand hörte mich.

„Das kann doch nicht wahr sein! Was mache ich denn jetzt?"

Die Last der Maschine war heftig. Ich wusste nicht, wie schwer ich verletzt war. Ich versuchte das Motorrad von mir wegzustemmen, aber allein schaffte ich es nicht. Ich brauchte dringend Hilfe. Entkräftet lag ich im nassen Graben. Es war Herbst. Langsam kroch die Kälte durch meine Klamotten. Ich schloss die Augen und legte einen Arm über meinen Kopf.

„Oh, bitte, hilft mir denn keiner?"

Plötzlich spürte ich jemanden neben mir. Ich öffnete die Augen, und da stand sie wieder. Ingrid. Wie bei so vielen Unfällen tauchte auch diesmal meine verstorbene Schwester auf.

„Oh, Ingrid", jammerte ich und streckte meine Hand nach der Erscheinung aus. „Ingrid, bitte hilf mir."

Tränen liefen über mein Gesicht. Ich wusste, es war nur eine Vision. Ingrid war fort. Tot. *Sie kommt nicht wieder zu mir zurück.* In diesem Moment wallte eine tiefe Traurigkeit in mir auf. Ihr Tod war jetzt schon fast elf Jahre her, und mit der Zeit war auch die Trauer verblasst.

Ich schloss meine Augen. Als ich sie wieder öffnete, war Ingrid weg.

So ganz allein, begraben unter meiner Maschine und keine Hilfe weit und breit, fühlte ich mich wie ausgeliefert. Ein Gefühl, das ich mehr als alles andere hasste. Doch ich wusste, dass niemand anderes als ich selbst für den Unfall verantwortlich war. Oft genug hatte ich mich noch auf die Maschine gesetzt, obwohl ich zu viel getrunken hatte.

„Dieser Drecksalkohol", rief ich in die Nacht. „Nie wieder. Nie wieder Alkohol!", schwor ich mir lautstark. Dann ergab ich mich erschöpft und müde meiner Lage und schlief ein.

Es dämmerte schon. Heerscharen an Vögeln wetteiferten, wer mich am lautesten nerven konnte. Mit dröhnendem Kopf öffnete ich die Augen. Ich hörte Stimmen und brauchte einen Moment, bis ich begriff, wo ich war. Dann spürte ich, wie die Last meiner Maschine auf mir leichter wurde. Einige meiner Kumpels hatten mich gefunden und machten sich am Motorrad zu schaffen. Mit vereinten Kräften hievten sie es schließlich hoch und befreiten mich.

„Mensch, Helma, alles in Ordnung?“, fragten sie besorgt.

Ich rappelte mich auf und konnte es kaum glauben. Bis auf ein paar Hautabschürfungen war ich unverletzt. Auch meine Maschine hatte nur ein paar Kratzer abbekommen. Erleichtert stellte ich fest, dass sie problemlos ansprang und ich nach Hause fahren konnte.

Doch die Nacht im Graben blieb nicht ohne Folgen. Ich hielt mein Versprechen. Von diesem Tag an trank ich keinen Tropfen Alkohol mehr. Zwar feierte ich weiter in gewohnter Weise, doch nun genoss ich es, nüchtern zu sein. Der Alkohol hatte mich immer träge gemacht. Manchmal fand ich im Suff nicht mehr in mein Zelt und schlief dort ein, wo ich gerade hingefallen war. Auch hatte ich nicht selten regelrechte Filmrisse und konnte mich am nächsten Morgen nicht mehr daran erinnern, wie ich in das Zelt eines Typen gekommen war, geschweige denn, wie wir die Nacht verbracht hatten.

Ohne Alkohol konnte ich jetzt auch schneller reagieren, wenn irgendwer meinte, mich oder meine Mädels angreifen zu müssen. Besoffen hatte ich leichte Orientierungsschwierigkeiten gehabt. Klar machten mich Bier und Schnaps auch stärker und schmerzunempfindlicher, doch nun war es ein viel größeres Vergnügen, am Sonntagmorgen am Kieler Strand spazieren zu gehen, während sich die anderen ihre Katerrübe hielten. Ich wachte jetzt auch nicht mehr auf und fror mir einen Ast ab, weil ich draußen gepennt hatte. Im Suff hatte ich die Kälte nie gespürt.

Und es war unglaublich: Ich vermisste weder den Alkohol noch die Joints. Klar witzelten meine Kumpels und wollten mir immer mal wieder einen ausgeben, aber sie zeigten auch Respekt vor meiner Entscheidung. Sie wussten, dass meine Veränderung mit dem Unfall und der Nacht im Graben zu tun hatte.

Kapitel 26

Dorothy

Mitten in dieser neuen Phase meines Lebens holte mich meine Vergangenheit wieder ein. Eines Tages stand Torge vor der Spedition. Torge, vor dem ich nach Kiel geflohen war. Torge, der mich einst beschützt hatte vor meinem brutalen Ehemann Detlef. Torge, der mich am Ende bitter enttäuscht hatte und lieber tot gesehen hätte. Also dieser Torge tauchte nun an einem Freitagnachmittag wieder auf.

Für einen Moment war ich ziemlich erschrocken, doch dann entdeckte ich Julchen auf seinem Arm, unseren Hund, unser Baby, unseren Star.

„Ja, mein Julchen", rief ich und klopfte mit den Händen auf meine Oberschenkel. Julchen erkannte mich sofort wieder. Sie zappelte in Torges Armen. „Julchen, mein Julchen", rief ich glücklich. Für die Hündin gab es kein Halten mehr. Sie befreite sich aus Torges Griff und stürmte auf mich zu.

„Mensch, Helma, ich habe dich gesucht", sagte Torge. Er lächelte und beobachtete, wie Julchen immer wieder zu meinem Gesicht hochsprang und es ableckte. Ich blinzelte gegen die Sonne nach oben.

„Ach ja? Na, dann haste mich ja jetzt gefunden", sagte ich cool. Vielleicht lag es an meiner Freude über Julchen, jedenfalls hatte ich in diesem Moment keinerlei Gefühle gegenüber Torge. Nicht einmal Wut. Angst schon gar nicht. Das hatte ich alles längst überwunden.

„Tja, also, ich möchte mich entschuldigen", stammelte er. „Für alles, was ich dir angetan habe."

Ich hob die Augenbrauen und war platt. In diesem Augenblick konnte ich nicht hart sein. Torge machte eine wirklich zu reumütige Figur. Und Julchen schaute mich mit ihren großen Augen so treuherzig an, dass ich schwach wurde.

„Na, dann lass uns mal einen Kaffee trinken gehen", half ich ihm schmunzelnd aus der Verlegenheit.

Torge blieb in Kiel und legte sich für mich mächtig ins Zeug. Er verwöhnte mich mit Geschenken, buchte gemeinsame Reisen und schenkte mir Geld. Mir gefiel das, und ich genoss seine Reue. Na ja, ich hatte auch einiges dazu beigetragen, dass unsere Beziehung den Bach runtergegangen war.

Ob es an den Aufmerksamkeiten lag oder auch nur an Julchen, konnte ich mir nicht erklären: Torge und ich wurden wieder ein Paar. Dass es in meinem Herzen seit Kurzem einen Mann gab, dem ich bedingungslos gefolgt wäre, verschwieg ich. Was hätte es auch gebracht? Dieser Traumtyp war unerreichbar für mich.

Ich hatte Sören vor einiger Zeit auf einem Motorradtreffen kennengelernt. Er war führendes Mitglied in einem großen MC. Doch ich wusste, dass ich ihm zu dick war. Das hatte er mir einmal gesteckt. Natürlich himmelte ich ihn nicht offen an, aber er war im Bilde, dass ich gern mehr gewollt hätte. So trafen wir uns lediglich ab und zu auf einen Kaffee. Mehr nicht.

Aber seine Abfuhr reizte mich auch.

Sören sah gut aus in seiner Kutte, roch angenehm und war gepflegt. In seinem Club war er sehr beliebt. Ich sah in ihm einen Mann, der einen Plan vom Leben hatte, der wusste, was er wollte. Die anderen Männer, mit denen ich geschlafen hatte, waren einfach gestrickt. Sie hatten nicht viel in der Birne. Doch Sören war stark. Er war gebildet. Das imponierte mir. Stundenlang konnte ich ihm zuhören. Ich wollte ihn haben. Und wenn ich etwas wollte, bekam ich es meistens auch. Aber Sören blieb unerreichbar für mich, und das ärgerte mich.

Stattdessen begab ich mich mit Torge nun wieder auf vertrautes Terrain. Unsere neue Beziehung entwickelte sich gar nicht mal schlecht. Torge ließ mich machen. Als mir in Kiel die Wohnung gekündigt wurde, weil die Nachbarn die vielen Partys, die laute Musik, das Gegröle und ständige Kommen und Gehen mitten in der Nacht nicht mehr ertragen konnten, schlug er vor: „Lass uns zurück aufs Land ziehen."

Der Plan klang vernünftig, also zögerte ich nicht lange und sagte kurzerhand: „Gut, das machen wir." Wir fanden eine kleine Wohnung in einem Dorf in der Nähe von Kiel, packten meine Sachen und zogen dort ein. Torge machte den Motorradführerschein und schloss sich einem MC an.

Kurze Zeit später, im September 1990, heirateten wir. Für Torge war es die erste Ehe. Anders als bei Detlef waren meine Eltern nun überhaupt nicht mit der Eheschließung einverstanden. Sie kamen auch nicht zur Hochzeit. Jetzt richtete uns niemand die Wohnung ein und brachte Geschenke. Wir gaben uns das Jawort nur standesamtlich und ohne krachenden Polterabend. Ich trug ein gold-schwarzes Cocktailkleid. Am Tag unserer Trauung regnete es heftig. Wir feierten in einem Festzelt mit Freunden und Kumpels aus der Rockerszene. Es war arschkalt.

Torge und ich wollten beide, dass es diesmal anders lief in unserer Beziehung. Mit 27 Jahren hatte ich nun auch langsam das Bedürfnis, eine eigene Familie zu gründen – vor allem, weil einige meiner Bekannten auch schon geheiratet und Kinder bekommen hatten. Ich wurde schließlich nicht jünger.

Der Kinderwunsch war neu. Von eigenem Nachwuchs hatte ich bisher nicht viel gehalten. In meinen Augen waren Babys nur brüllende Kackmaschinen oder Pflegefälle. Doch jetzt fühlte ich ganz anders. Ich fand es toll, wie liebevoll andere Eltern sich um die Kleinen kümmerten. Das kannte ich ja aus meiner eigenen Kindheit gar nicht. Ja, jetzt wollte ich auch eine Mama werden und eine kleine, heile Familie haben. Noch vor einem Jahr hätte ich nicht im Traum daran gedacht. Die Mädels von den *Queens* und meine Kumpels warnten mich: „Helma, du bist irre. Willst du dir wirklich so ein Gör ans Bein packen?"

Aber ich wurde nicht schwanger. Ich dachte, dass es an mir liege und mein wildes Leben und manche Entscheidung jetzt ihren Tribut forderten. Ich gab mir die Schuld, dass es nicht klappte, und war traurig. Irgendwie kam es mir so vor, als ob alle Welt schwanger war, nur ich nicht. Überall sah ich Mamas und Papas und glückliche Kinder. Doch ich zeigte meinen Kummer nicht nach außen, sondern fraß ihn wie immer in mich hinein. Ausblenden, das hatte ich wahrhaftig gut gelernt. Sonst machte man sich ja angreifbar.

Dann, ein Jahr später, im Januar 1991, war es schließlich doch so weit. Ich war schwanger und konnte mein Glück kaum fassen. Eine lang gehegte Sehnsucht würde nun endlich in Erfüllung gehen. Ich sollte ein Baby bekommen und ihm eine liebevolle Mutter sein, selbst wenn ich solch eine Liebe nie selbst erlebt hatte.

Leider konnte ich meiner Oma nicht mehr erzählen, dass ich ein Kind erwartete. Sie hatte schon seit Langem an Krebs gelitten. Ich war gerade in München bei Bekannten im Urlaub, als meine Mutter mich anrief und sagte, dass meine Oma gestorben sei. Die letzten Wochen hatte sie nur noch im Bett gelegen. Zu Hause starb sie dann auch. Sie hätte sich bestimmt sehr über mein Kind gefreut. Vielleicht hätte sie ein kleines Mützchen gehäkelt.

Ach, Oma, sie fehlte mir. Auch wenn ich selbst nicht daran glaubte, hoffte ich, dass meine Oma jetzt im Himmel war bei all den Engeln, von denen sie mir als Kind immer erzählt hatte. Ich litt sehr unter ihrem Tod. Sie war der einzige Mensch, der immer zu mir gestanden hatte. Und wir hatten einander geliebt. Ein Gefühl, das ich anderen Menschen gegenüber nur schwer empfinden konnte.

Doch nun regte sich in mir ein Leben, das ich von Anfang an liebte. In den ersten drei Monaten der Schwangerschaft hatte ich öfter Blutungen. Wegen der Harnleiteroperation in meiner Kindheit musste ich in der ersten Zeit viel liegen, doch ab dem fünften Monat verlief alles normal. Ich durfte allerdings nicht mehr arbeiten und war für den Rest der Schwangerschaft krankgeschrieben.

Dorothy wurde 1991 im grauen Monat November geboren. Doch für mich war es der strahlendste Augenblick überhaupt. Sie war ein traumhaftes Kind mit dicken, schwarzen Haaren und rosiger Haut. Ganz der Papa. Torge war bei der Geburt mit dabei.

Die Hebamme legte mir den kleinen Wurm gleich auf den Bauch. Meine Augen leuchteten, doch in Torges Blick lag Enttäuschung. Er hatte sich einen Jungen gewünscht. Es versetzte mir einen Stich ins Herz, dass er seine Tochter nicht einmal auf den Arm nehmen wollte. Ich hatte keine Ahnung, was ihm durch den Kopf ging. Nach einer Weile verabschiedete er sich nach Hause und kippte auf den Schreck erst einmal ordentlich einen.

Als ich mit Dorothy schließlich allein war, brach es aus mir heraus.

„Du bist so wunderschön, meine Kleine. So wunderschön.“ Warme Tränen liefen mir übers Gesicht. Mit einem Finger wischte ich vorsichtig eine Träne weg, die auf Dorothys Wange getropft war. „Wie weich deine Haut ist.“

Die ganze Nacht über schlief ich nicht. Ich konnte einfach nicht aufhören, meine Tochter anzuschauen. Ich liebte alles an Dorothy. Von dem Moment an, als sie ihren ersten Atemzug tat, veränderte sich mein Leben. Ich legte meinen Kopf in die Kissen und schlief ein.

Kapitel 27

Der Präsi-Stuhl wackelt

Anders als ich konnte Torge keine Beziehung zu Dorothy aufbauen, wie ich sie mir für ihn als Vater gewünscht hatte. Er ließ keine Nähe zu. Selbst daheim hatte er kein Verlangen, sein kleines Mädchen auf den Arm zu nehmen, sondern hielt Abstand. Das tat mir weh, denn ich wünschte mir so sehr, dass er Dorothy einfach mal knuddelte und sich über sie freute. Er hat sie nie gebadet, ihr die Windeln gewechselt oder einfach nur beim Schlafen zugesehen. Selbst unserem Hündchen Julchen stand er näher als unserer Tochter. Es schmerzte mich jedes Mal, wenn er Bekannten, die bei uns zu Besuch waren, schnell das Kind in die Hand drückte. Als wollte er damit nichts zu tun haben. Dorothy war für ihn zwar da, aber irgendwie kein Teil von ihm.

Es liegt an seiner Kindheit, erklärte ich mir seine Ablehnung. *Seine Mutter ist tot, sein Vater abgehauen.* Mit fünf Jahren kam er ins Heim und mit 19 wieder raus. Doch auch ich hatte wahrlich keine einfache Kindheit gehabt. Immerzu Schläge, Spott und Demütigungen. Und doch liebte ich Dorothy mit der Liebe einer Mutter, die ich selbst nie erfahren hatte. Kaum einen Augenblick konnte ich ohne meine Tochter sein.

Häufig besuchte ich meine Schwester Doris und nahm Dorothy auch mit ins Clubhaus der *Queens*, das nicht weit von uns entfernt lag. Ein Bauer hatte uns im Winter 1992 eine alte Scheune überlassen. Wir renovierten, bauten eine Theke auf, packten Tische und Bänke rein, und so wurde die Scheue unser erstes eigenes Clubhaus. Die *Queens of the Road* hatten nun endlich eine Heimat, und wir konnten zu Partys und Treffen einladen.

Stolz zeigte ich Dorothy meinen Kumpels. Die Kleine eroberte die Herzen der Rocker im Nu. Ich zog ihr die schönsten Kleider an und überschüttete sie mit meiner Liebe. Die *Queens* schenkten Dorothy sogar eine kleine Kutte. Dass ich selbst aufblühte, war nicht zu übersehen. Und ich mochte diese Veränderung. Ich kleidete mich nun fraulicher und trug öfter mal einen Rock. Meine Schwester Doris zog mich manchmal damit auf, denn auch ohne Lippenstift ging ich nun nicht mehr aus dem Haus. Durch Dorothy fühlte ich mich schöner und wurde weicher. Mein Mutterinstinkt war erwacht – und mit ihm ein weiteres mir unbekanntes Gefühl: Ich war tatsächlich in der Lage, einen Menschen bedingungslos zu lieben!

Noch immer war ich Präsi der *Queens of the Road*, doch als junge Mama zog ich mich immer mehr aus der Rockerszene zurück. An den Wochenenden ging ich kaum noch auf Partys. Wie auch! Ich hatte ja die Kleine und musste auf mich achtgeben, denn sie brauchte eine intakte Mama. Das tat den *Queens* nicht gut. Bald brauten sich dunkle Wolken über dem Club zusammen, und im Sommer eskalierte die Lage schließlich.

An einem Samstagnachmittag fuhr ich mit Dorothy zu einem Motorradtreffen. Ich wollte die Kumpels mal wieder sehen und natürlich zeigen, wie sich Dorothy entwickelt hatte. Die Kleine flirtete mit den Rockern, und die harten Kerle wurden weich wie Butter, wenn Dorothy mit ihren kleinen Händchen ihre groben Finger umfasste und erste Gehversuche machte. Auf dem Treffen plauderte ich mit einigen Typen aus Hamburg. Mitten im Gespräch stieß einer mich mit dem Arm an.

„Oh, oh, dicke Luft. Da kommt Sandra. Ich glaube, die will deinen Club übernehmen", sagte er.

Ich hatte es bereits munkeln gehört. Sandra, eine große und starke Frau, sägte an meinem Präsi-Stuhl. Sie fuhr die *Harley* ihres Mannes. In meinen Augen war sie ein falscher Fuffziger. Doch einige meiner Mädels himmelten Sandra an. Sie hätten nichts dagegen gehabt, ihr als Präsi der *Queens* zu folgen. *Jetzt passiert es*, dachte ich, atmete tief durch und drehte mich um. Sandra kam zwar gelassen auf mich zu, aber in ihrem Gesicht konnte ich die gleiche Angriffslust sehen, die ich oft genug selbst verspürt hatte. Doch noch war ich Präsi, und das sollte gefälligst auch so bleiben.

„Moin, Helma", setzte Sandra an.

Ihr Atem roch nach Bier. Ich wusste, nun galt das Gesetz der Stärkeren. Wenn Sandra mich vor allen anderen in die Knie zwingen würde, hätte ich auf demütigende Weise die Macht über meinen eigenen Club verloren. Sandra würde an meine Stelle treten.

Ich hatte mich seit meiner Schwangerschaft von Schlägereien ferngehalten. *Aber jetzt muss ich noch einmal der Kämpfer sein*, dachte ich. Dann ging alles schnell. Ich schlug Sandra mitten ins Gesicht, noch bevor sie irgendetwas sagen konnte. Der Schlag hatte sie so unvermittelt getroffen, dass sie zu Boden ging.

„Eh, was soll das?", keuchte sie und versuchte aufzustehen. Doch weil sie ziemlich dick war, kam sie nicht schnell genug wieder hoch. Dann ging die Musik aus. Die Luft knisterte vor Spannung. Die anderen hielten sich zurück. Sie wussten, dass es hier um eine Präsi-Übernahme ging, und warteten auf meine Reaktion. Alles ging schnell, doch ohne Hast.

Wortlos griff ich in meine Jacke und zog ein Messer heraus. Jemand stieß pfeifend seinen Atem aus. Sandra sah mich entgeistert an.

„Ich habe gehört, du willst den Club übernehmen", sagte ich und hob das Kinn an.

„Eh, nee, da musst du was falsch verstanden haben", beschwichtigte sie, noch immer auf dem Boden liegend. Ich packte sie an den Schultern und drehte sie auf den Bauch. Dann setzte ich mich rittlings auf Sandras Rücken und trennte Naht für Naht das Colour der *Queens of the Road* von ihrer Kutte.

Das war die Erniedrigung schlechthin. Vor aller Augen zeigte ich den anderen: Selbst wenn ich mich in der letzten Zeit rargemacht hatte, war ich Präsi der *Queens* und würde dies auch bleiben!

Kapitel 28

Sören

Einige Monate nach Dorothys Geburt erhielt ich das Angebot, eine Badeanstalt in einem Nachbarort zu übernehmen. Der Laden war ziemlich heruntergewirtschaftet. Aber als ich dort vor dem Fachwerkhaus stand und über den See blickte, sah ich mich im Geiste schon richtig viel Kohle verdienen. Torge und ich krempelten die Ärmel hoch, holten uns Hilfe und erweckten die Anlage zu neuem Leben. Diejenigen, die uns die Sache nicht zugetraut hatten, belehrte ich nun eines Besseren. Die Badeanstalt wurde ein Erfolg. An manchen Sommertagen tummelten sich bei uns bis zu 300 Badegäste. Wir hatten die Liegewiese zum See hin gepflegt und die Toiletten saniert. In einem kleinen Kiosk verkauften wir Snacks und Süßigkeiten. Zum Gelände gehörte auch eine Wohnung, in die wir einzogen.

Im Sommer arbeitete ich von fünf Uhr morgens bis abends neun in der Badeanstalt. An manchen Tagen übernahm ich danach noch Taxifahrten. Torge und ich verdienten genügend Geld, dass ich mir eine *Yamaha FJ 1200* kaufen konnte.

Das Arbeiten selbst machte mir nicht viel aus. Schließlich hatte ich daheim gelernt zuzupacken. Vielmehr beunruhigte mich, dass Torge nun wieder viel trank. Zudem wusste ich, dass er mit anderen

Frauen rummachte. Doch ich verschloss die Augen vor der Realität, um unsere kleine Familie zusammenzuhalten. Nichts sollte meine heile Welt, die ich mir gerade aufgebaut hatte, ins Wanken bringen. Außerdem wünschte ich mir ein zweites Kind. Doch bis ich wieder schwanger wurde, vergingen fünf Jahre.

Als der Arzt mir an einem Freitagvormittag sagte, dass ich ein Kind erwarte, konnte ich mein Glück kaum fassen. Sofort wollte ich die tolle Nachricht Torge erzählen. Ich beeilte mich, nach Hause zu kommen, und stürmte fast durch die Haustür.

„Torge, ich bin schwanger. Der Arzt hat es mir gerade gesagt." Erwartungsvoll schaute ich ihn an und war gespannt auf seine Reaktion. *Er muss doch auch glücklich sein*, dachte ich voller Hoffnung.

„Na ja", entgegnete er nüchtern, „es hat ja auch ziemlich lange gedauert. Dann bekommst du ja nun dein Kind. Gewünscht hast du es dir."

Ich war wie vor den Kopf geschlagen. *Was ist denn mit dem los?* Aber ich ließ ihn in Ruhe und dachte, dass er die Nachricht erst einmal verdauen müsse. Zudem drängte die Badeanstalt. Ich musste an die Arbeit gehen. „Wir reden später", versuchte ich ihn aufzumuntern. Doch meine Stimmung war am Boden.

Als ich mich im Schlafzimmer für die Badeanstalt umzog, hörte ich, wie die Tür ins Schloss fiel. Torge war gegangen. Traurig setzte ich mich auf die Bettkante. In diesem Augenblick war mir klar, dass wir in zwei grundverschiedenen Welten lebten und unsere Ehe nur aus Lügen bestand. Das ging mir schon seit einiger Zeit durch den Kopf, aber seine Reaktion heute, seine Gleichgültigkeit mir gegenüber lieferten mir den Beweis. Ich war nicht mehr wichtig für ihn. Er war lieber bei einer anderen. Dass er eine Affäre hatte, wusste ich längst. Doch wieder wollte ich es nicht wahrhaben.

Ich streifte mir mein T-Shirt über und dachte nach. Andererseits: Wie stand es um meine Gefühle für Torge? Hatte ich mich innerlich nicht auch längst von ihm getrennt? Ich schloss die Schranktür. *Ach, was soll's. Ich geh erst mal arbeiten. Wir werden sehen.*

Nach dem Dienst in der Badeanstalt wollte ich nicht allein daheimsitzen und auf Torge warten. Also brachte ich Dorothy übers

Wochenende zu meiner Schwester, setzte mich auf meine *Yamaha* und fuhr zu einem Motorradtreffen in der Nähe.

Es war ein unglaublich milder und schöner Sommerabend. Die Sonne ging gerade unter, als ich auf dem Treffen ankam. Am Rand standen jede Menge Motorräder, und Hardrock-Mucke dröhnte aus den Boxen. Ich gesellte mich zu meinen Kumpels und war froh, an diesem Abend bei ihnen zu sein. Nach einer Weile ging ich zum Tresen, um mir eine Cola zu holen. Plötzlich hörte ich eine mir bekannte Stimme.

„Hey, bist du die Helma aus Kiel?"

Ich drehte mich um, und da stand er vor mir. Sören! Der Mann, der mich vor fünf Jahren so dermaßen fasziniert hatte. Für ihn hätte ich alles stehen und liegen lassen, wenn er nur mit dem Finger geschnippt hätte. Ich blickte ihm direkt in die Augen. Er sah in seiner Kutte wie immer umwerfend aus.

„Na, sieh mal an, der Sören", sagte ich und hatte Mühe, meine Begeisterung zu verbergen.

„Wow, Helma, du siehst toll aus", gab er zurück.

Seit Dorothys Geburt hatte ich ziemlich abgenommen. Meine Haut sah frisch aus, und ich war hübsch geschminkt. Ich schaute mich nun selbst gern im Spiegel an.

„Tja, ich bin jetzt eine Mama und erfolgreiche Geschäftsfrau", antwortete ich schelmisch.

Auch Sören gefiel, was er sah. Wenig erinnerte an die dicke Rockerin, mit der er zwar gern beim Kaffee zusammengesessen, an der er jedoch kein erotisches Interesse gezeigt hatte. Immer wieder schaute er an mir herunter. Ich genoss es, seine Blicke auf meinem Körper zu spüren. Dieses Kribbeln im Bauch hatte ich schon lange nicht mehr erlebt. Ich wollte ihn haben.

In diesem Moment setzte ein ruhigeres Lied ein. Wie selbstverständlich nahm mich Sören an der Hand. Er sah mir tief in die Augen und fragte: „Wollen wir tanzen?"

Noch ehe ich antworten konnte, hatte er mich schon bei der Hand gefasst und zog mich auf die Tanzfläche. Sören legte seine Arme um meine Hüften und drückte sich eng an mich heran. *Wow, das geht ja schnell*, dachte ich.

Wir wiegten uns im Takt der Musik. Mir war egal, was die anderen dachten. Diesen Moment wollte ich einfach nur genießen. Dann kam Sören ganz dicht an mein Ohr und flüsterte: „Mensch, Helma, das ist ja geil, dass du so dünn geworden bist."

Dem Himmel ganz nah, so fühlte ich mich in diesem Augenblick.

Nach dem Song gingen wir wieder zum Tresen. Dort standen auch Sörens Freund und eine Bekannte von mir. Ich war ein wenig verlegen, tat aber cool. Meine Bekannte rollte ihre Augen in Richtung Sörens Freund. Ich verstand. Sie wollte was von ihm. Ihr Blick sollte mir sagen: „Mach mal die Sache klar für mich, Helma."

Ich stöhnte innerlich. *Och, wie in Teenagerzeiten.* Auch Sören bekam das mit und schaltete sofort. Er beugte sich zu seinem Freund und flüsterte: „Du, ich glaube, die Frau neben Helma will was von dir." Ich blickte schmunzelnd zu Boden. Meine Bekannte und sein Freund gingen gemeinsam weg.

Obwohl ungemein viele Leute um uns herumstanden, hatte ich das Gefühl, mit Sören allein zu sein. Zwischen uns knisterte es, und ein angenehmes Kribbeln machte sich in mir breit. Sören lehnte lässig am Tresen und schaute mich wieder von oben bis unten an.

„Du siehst echt heiß aus, Helma."

„Ich kann noch mehr", flirtete ich zurück.

„Tja, was machen wir denn damit?", fragte er und sah mir direkt in die Augen.

Das wusste ich in diesem Moment sehr genau.

„Lass uns gehen."

Am anderen Morgen wachte ich neben ihm im Zelt auf. Ich hatte Sören erobert.

Mit diesem Abend begann unsere Affäre. Wie verhängnisvoll sie war, sollte ich erst später erkennen. Wir trafen uns, so oft es ging. Heimlich, damit Torge nichts mitbekam. Sören und ich brauchten nicht viele Worte, um zu wissen, was der andere wollte. Ich fühlte mich wie im Rausch, wenn ich mit Sören zusammen war. Ich konnte gar nicht genug von ihm bekommen und wollte immer häufiger bei ihm sein. Die Abstände zwischen unseren Wiedersehen wurden immer kürzer. Trafen wir uns dann in seiner Wohnung, kamen wir schnell zur Sache. Beide lebten wir aus, was an sexuellen, geheimen, verbotenen Wünschen in uns schlummerte.

Sören war mir zwar intellektuell überlegen, doch in meiner Lust dominierte ich den sonst so starken Rocker. Und er ließ sich gern erniedrigen. Wenn Sören bei mir anrief, war ich sofort zur Stelle. Diese Hörigkeit war wie eine Sucht. Sören entfesselte in mir eine ungeheure Freude und Genugtuung. Gleichzeitig hatte ich Macht über ihn und fügte ihm körperliche Schmerzen zu. Je länger unsere Affäre dauerte, desto stärker wurde diese unbändige Lust, ihn zu beherrschen. An manchen Tagen stand ich wie unter Strom, immer in Erwartung, dass er mich gleich zu sich rief. Manchmal quälte er mich regelrecht mit meinem Verlangen.

Einmal brachte er es fertig, mich vier Stunden vor seinem Haus warten zu lassen, bis er endlich gelassen um die Ecke geschlendert kam.

Dieser Typ lässt dich eiskalt zappeln! Na warte!, dachte ich. Doch nur die Vorfreude auf das erregende Spiel ließ mich so lange ausharren. Drinnen in seiner Wohnung tauschten wir sofort die Rollen, und ich bestrafte ihn. Sören unterwarf sich willenlos. Ich genoss es in vollen Zügen, seine Herrin zu sein.

Zu diesem Zeitpunkt war ich mit meinem zweiten Kind schwanger.

Kapitel 29

Vincent

Vincent kam drei Wochen zu früh auf die Welt. Doch wahrscheinlich hatte sich der Arzt nur beim Geburtstermin verrechnet. Ich hatte meinen Koffer fürs Krankenhaus noch nicht gepackt, da wollte das Baby schon raus aus meinem Bauch. Auf die plötzlichen Wehen war ich überhaupt nicht vorbereitet. Ich war mit Dorothy gerade in der Krabbelstunde und sammelte die Spielsachen der Kinder ein, als mich ein heftiger Schmerz im Rücken fast umhaute.

„Ich glaube, es geht los“, presste ich heraus.

Meine Bekannte lachte. „Eh, Helma, das geht doch gar nicht. Du hast doch gerade deinen Morgenmantel verliehen.“

Stimmt, den hatte ich einer Freundin gegeben, die selbst in Kürze entbinden sollte. Merkwürdig, dass ich in diesem Moment daran dachte. „Ja, echt, wie blöd!“

Als der erste Wehenschub vorbei war, fuhr ich mit Dorothy heim. Ich erzählte Torge von den Schmerzen und rief meine Schwester Doris an. Hastig packte ich ein paar Sachen zusammen, und wir fuhren ins Krankenhaus. Es war der 12. März 1996. *Es ist doch noch viel zu früh. Viel zu früh*, raste es mir ständig durch den Kopf. *Wenn nur nichts mit dem Baby ist.* Ich schob leichte Panik.

Im Krankenhaus wartete schon Doris, um Dorothy mitzunehmen. Bei der Untersuchung stellte sich heraus, dass das Baby etwa vier Kilo wog. Nervös ging ich im Zimmer auf und ab.

„Aber der Termin ist erst Ende April. Soll ich noch so lange herumlaufen?“

Der Arzt lachte. „Nee, nee, bestimmt nicht. Heute ist der Tag. Ihr Kind kommt heute!“

Ich war wie vor den Kopf gestoßen. *Heute schon?* Ich hatte mich gar nicht darauf vorbereiten können. In meinem Kopf hatte ich das noch gar nicht gerafft. *Heute?!*

Doch Vincent kam nicht. Also fuhr Torge wieder nach Hause. Am nächsten Tag wurde die Geburt eingeleitet, und Torge trudelte eine halbe Stunde vor der Entbindung im Krankenhaus ein. Wir wussten beide nicht, was es werden würde. Junge oder Mädchen.

Bei Dorothys Geburt hatte ich in einem weiß gekachelten Raum gelegen. Jetzt war alles in Lila. Lila Wände, lila rundes Bett mit passenden Tüchern und Deckchen. Die Hebamme war schon in die Hocke gegangen. Torge saß etwas nervös auf der Kante eines Ledersessels. Irgendwie kam mir alles so elegant vor. Klar, Mütter sollen entspannt sein! Als hätte die Hebamme meine Gedanken gelesen, fragte sie mich, welche Musik ich hören wollte.

„Michael Jackson", antwortete ich. Nicht, dass ich den besonders mochte. Aber die Scheibe lag da so rum.

Es war jetzt kurz nach 22 Uhr. „Meine Dorothy ist um 22:15 Uhr geboren", stöhnte ich während einer Wehe.

Die Hebamme schaute auf die Uhr. „Das kriegen wir hin."

Dann klingelte im Kreißsaal das Telefon. Meine Familie war dran, sie feierte gerade Papas 70. Geburtstag.

„Wollen Sie mit denen reden", fragte mich die Hebamme vorsichtig.

„WAS???", schrie ich. „Ich bekomme gerade ein Kind!"

Ein paar Augenblicke später flutschte Vincent aus mir heraus. Es war 22:17 Uhr. „Sorry", sagte die Hebamme, „der Anruf ...", und zwinkerte mir zu.

Ich war völlig fertig. Trotzdem musste ich in diesem Moment lachen. *Meine verrückte Familie!*

Tatsächlich war Vincent ein ordentliches Kerlchen. Fast vier Kilo schwer und 53 Zentimeter groß. Ich liebte ihn vom ersten Augenblick an. Er schrie ziemlich laut und wurde erst an meiner Brust ruhig. Was ich an ihm besonders mochte, waren seine feuerroten Haare. Die leuchteten wie Gold.

Doch damit fing der Ärger an. Denn als Torge das Kind sah, war er erst fassungslos, dann richtig sauer.

„Hä, was ist das denn?", fragte er ärgerlich. „Der ist nicht von mir!"

Ich war wie vor den Kopf gestoßen. „Aber schau doch genau hin. Das ist unser Sohn!"

„Bist du blöd?", schnauzte er mich an. „Rote Haare? Schau *mich* doch an! Dorothy hat schwarze Haare, aber der hier? Du legst mir ein Kuckucksei ins Nest."

„Aber in meiner Familie haben auch einige rote Haare. Das ist unser Sohn. Der hat halt mehr von mir", versuchte ich ihm zu erklären. Doch Torge wollte nicht zuhören.

Er stürmte aus dem Zimmer und verschwand für mehrere Tage. Ich blieb unglücklich zurück. In diesem Moment zerbrach etwas in mir. Ich spürte, dass das Ende unserer Ehe kurz bevorstand. Unsere heile Familie, so wie ich sie gern gehabt hätte, war kaputt. Ich blickte ins Bettchen, in dem Vincent schlief. Er sah so friedlich aus. „Du kleines, unschuldiges Wesen. Du kannst gar nichts dafür. Ich liebe dich so sehr“, flüsterte ich und küsste ihn auf die Stirn.

Vincent war sechs Monate alt, als ich mich schließlich von Torge trennte. Er hielt mir weiterhin vor, dass ich ihm Vincent untergejubelt hätte. Ich ertrug seine Ablehnung nicht mehr. Außerdem hatte er auf meinen Namen einen Berg von Schulden angehäuft, der mich an den Rand des Ruins brachte.

Dorothy blätterte gerade in einem dicken Kinderbuch und fuhr mit ihren kleinen Händchen die Bilder nach. Ich saß auf dem Sofa und stillte Vincent. Torge schaute vom Sessel fast angewidert auf den Säugling.

„Wieso lehnst du den Kleinen ab? Das ist dein Sohn!“, sagte ich.

„Ach, halt die Fresse“, herrschte er mich an. Dorothy blickte erschrocken auf.

Plötzlich stand Torge auf, riss Dorothy das Kinderbuch aus den Händen und knallte es mir immer wieder über den Kopf. Schützend legte ich meinen Arm um Vincent und drückte mich in die Sofakissen, um die Hiebe abzufedern. Dorothy ängstigte sich zu Tode und fing an zu weinen.

„Hör auf damit! Bitte, hör auf. Der Kleine!“, schrie ich voller Verzweiflung.

Dann ließ Torge von mir ab. Er feuerte das Buch auf den Boden und stürmte aus der Wohnung.

Ich fiel erschöpft zur Seite. Mir wurde schwarz vor Augen. Dorothy konnte Vincent gerade noch festhalten.

Ich weiß nicht, wie lange ich dort so lag. Als ich wieder zu mir kam, war mir kotzübel, und ich musste brechen. Mein Kopf schmerzte, ich taumelte und ging wie auf rohen Eiern. Meine kleine Dorothy hielt ihr Brüderchen liebevoll im Arm. „Ach, meine Süße“, sagte ich und strich ihr über das lockige Haar. Dann weinte ich.

Aus Angst davor, was Torge machen würde, beschloss ich, ihn nicht anzuzeigen. Mit meinen Kindern im Arm schlief ich ein. Seit diesem Tag lebte Torge nicht mehr bei uns. Unsere Ehe war vorbei. Und seit Langem hatte ich eine ruhige Nacht.

Kapitel 30

Am Abgrund

Torge war aus meinem Leben verschwunden. Nach dieser zweiten gescheiterten Ehe setzte ich ein Statement. An meine *Yamaha* klebte ich einen Sticker mit der Aufschrift: „Lieber Nürburgring als Ehering“. Ehe? Nein danke!

Obwohl ich nicht wusste, was ich Sören bedeutete und wo unsere Beziehung noch hinführen würde, lebte ich unsere Affäre weiter. Er war froh, dass ich Torge endlich den Laufpass gegeben hatte. Aber liebte Sören mich? Nur manchmal stellte ich mir diese Frage, denn die Antwort darauf tat jedes Mal weh. Sören war unglaublich nett und liebevoll zu mir. Manchmal kochte er für mich ein tolles Abendessen. Aber letzten Endes wollte er nur meinen Körper.

Andererseits befriedigte es mich nach wie vor, ihn in gewisser Weise zu dominieren. Er verkörperte meine innersten Wünsche und zugleich tiefsten Ängste. Was mir jahrelang meine Ehemänner und andere Typen angetan hatten, all das Leid und die körperliche und seelische Demütigung, fügte ich nun Sören zu. Und er stand darauf, denn wir waren beide süchtig nacheinander. Mit einigen Kumpels besuchte ich nun auch einschlägige Clubs in der SM-Szene. Die Lederkostüme, die Utensilien, mit denen man Schmerz zufügen konnte, machten mich total an.

In den nächsten Monaten lebte ich in zwei Welten. Manchmal kam ich mir vor wie eine Marionettenpuppe. Je nachdem, welcher Faden gezogen wurde, machte ich dies oder das. Beides konnte ich. Beides brauchte ich. Tagsüber war ich Mutter zweier Kinder, Geschäftsfrau in der Badeanstalt, hübsch gestylt und dekorativ, nachts fuhr ich Taxi. Und immer noch war ich Präsi der *Queens*. Dann wieder mimte ich die dominante Gefährtin in einem harten Rollenspiel. Wenn Sören mich zu sich bestellte, warf ich alle Vernunft über Bord und eilte zu ihm. Und gerade dieses Hoch der Gefühle ließ mich spüren, wie ich langsam abstürzte.

Das Doppelleben zerriss mich innerlich mehr und mehr. Es war chaotisch und zersetzte mich zusehends. An manchen Tagen konnte ich keinen klaren Gedanken fassen. Ich sah mich wie an einem Abgrund stehen. Ein dunkler Schlund tat sich vor mir auf, der mich zu verschlingen drohte. *Diesen Zwiespalt halte ich nicht länger aus! Helma, du machst dich kaputt,* sagte ich jetzt immer öfter zu mir selbst.

Nach all dem Mist mit meinen Ehemännern sehnte ich mich so sehr nach einem Mann, der mich bedingungslos liebte. Sören brauchte mich. Ja! Aber er liebte mich nicht. Ich war ihm hörig, doch ich wusste, ich zerstörte mich damit selbst. Denn der Rausch hielt nur wenige Augenblicke, bis ich einen neuen Kick brauchte.

Eine unglaubliche Leere breitete sich in mir aus. Da war nichts, was ich festhalten konnte. Da war niemand, der mich allein um meiner selbst willen liebte.

Ich war am Ende. So wollte ich nicht länger leben.

Kapitel 31

„Hilft mir denn keiner?"

Ich schreckte auf. Draußen war noch tiefe Nacht. Das Mondlicht schien kalt ins Zimmer. Es war Ende Oktober 1997. Das Fenster war angekippt. Der Wind atmete die Gardinen ein und blies sie wieder aus. Draußen raschelten welke Blätter über den Gehsteig. Von ferne hörte ich ein Auto. Ansonsten herrschte Stille.

Langsam legte ich mich in die Kissen zurück. In der letzten Zeit schlief ich häufig sehr unruhig. Ich träumte schlecht, und der wenige Schlaf brachte mir kaum Erholung. Ich blickte zur Seite auf Sören. Da sah ich plötzlich den Mann neben mir liegen, den ich begehrte, der mich aber immer mehr aussaugte. *Was mache ich hier?*

Über eine Stunde lang lag ich da und dachte über mein Leben nach. Die Badeanstalt hatte ich inzwischen aufgeben müssen, weil ich auch für Torges Schulden aufkommen musste. Ich hatte dafür gebürgt. Jetzt zahlte mir das Sozialamt den Lebensunterhalt.

Aber eigentlich geht es mir als alleinerziehender Mutter trotz allem gut, dachte ich. *Ich habe eine Wohnung, ein Auto, ein Motorrad, tolle Freunde. Was brauche ich mehr? Auf was soll ich noch hoffen?*

Ich legte meinen Arm unter den Kopf und schaute eine Weile dem Spiel der Gardinen zu. *Gibt es den richtigen Mann für mich überhaupt? Bin ich es überhaupt wert, geliebt zu werden?* Dann dachte ich an meine beiden Kinder, die nicht ahnten, was für ein Doppelleben ihre Mutter führte. In diesem Moment hasste ich mich selbst und presste meinen Arm über die Augen. Wie ein Kind, das sich schämt.

So kann es nicht weitergehen. Ich muss hier raus. Ich muss mein Leben ändern!

Vorsichtig schlug ich die Decke zurück und stand auf. Ich zog meine Sachen an und ging in die Küche. Der Raum war kalt, und mich fröstelte. Ich fand einen Zettel und Stift und schrieb Sören einen Abschiedsbrief. Es waren nur wenige Worte: „Ruf mich nie wieder an!"

Mehr erklären wollte ich nicht. Das war mein Schlussstrich. Ich schlich zur Tür hinaus und zog sie leise hinter mir zu. Dann stieg ich ins Auto, fuhr aber nicht los, sondern verharrte für einen Moment.

Plötzlich brach es aus mir heraus, und ich schrie voller Verzweiflung: „Hilft mir denn keiner? So will ich nicht mehr leben!" Ich schlug mit der Hand aufs Lenkrad, und mir kamen die Tränen. „Diese perverse Sucht, Männern wehzutun, sie wird immer stärker", schluchzte ich. „Wie komme ich heraus aus diesem Leben?"

Ich legte den Kopf aufs Lenkrad und weinte. Eine Weile saß ich einfach so da. Dann fuhr ich los. Weg von Sören. Für immer. Endgültig.

Das hoffte ich.

Teil 3

1997 bis heute

„Heute, wenn ihr meine Stimme hört,
dann verschließt eure Herzen nicht.“
Hebräer 3,15

Kapitel 32

Ein seltsamer Typ

Die Antwort auf meinen verzweifelten Hilferuf sollte ich wenige Tage später auf einem Motorradtreffen bekommen. Die Party fand in einer kleinen Halle statt. Draußen wurde gegrillt. Ich saß mit einigen Kumpels zusammen, als ein Bekannter sich zu uns gesellte. Er hatte seinen Cousin aus Süddeutschland mitgebracht. Henning. Und dieser Henning passte nicht so recht in unsere Szene.

Was ist das denn für einer?, dachte ich. Henning trug einen schicken Mantel und schien viel zu vornehm für die Rockerszene. Unser Standardoutfit waren Motorradjacke, Jeans und derbe Schuhe. Henning fuhr einen dicken BMW, was wiederum für ihn sprach. Ich guckte den Neuling frech an. Wenn ich laut über einen derben Spruch meiner Kumpels lachte, schmunzelte er jedes Mal.

Später am Abend beschlossen einige von uns, noch einen Abstecher in ein Fast-Food-Restaurant zu machen. Klar, dass ich bei Henning in seinem schicken BMW mitfahren wollte. Er hatte das beste Auto in der Runde, und ich stand ungemein auf schnelle Schlitten. Zwar hätte ich mich am liebsten selbst ans Steuer gesetzt, aber der Beifahrersitz tat es ausnahmsweise auch. Ich kannte Henning ja noch nicht so gut und konnte deshalb schlecht sagen: „Schmeiß mal die Schlüssel rüber. Mal sehen, was die Kiste so draufhat."

Also setzte ich mich brav auf den Beifahrersitz. Während der Fahrt unterhielten wir uns. Benzingespräche übers Auto. Wie viel PS, wie teuer und so weiter. Und schon wieder tat ich es. Ich flirtete. Unglaublich! Ich konnte es einfach nicht lassen. Aber dieser seltsame Unbekannte hatte irgendetwas wahnsinnig Faszinierendes an sich. Abgesehen davon, sah er ziemlich gut aus. Doch Henning war schwerfällig und schüchtern. Er verstand meine Annäherungsversuche nicht. Aber er erzählte mir doch etwas mehr über sich, und wir quatschten ein wenig über Orte, die wir kannten.

„Eigentlich komme ich auch hier aus der Gegend. Bin aber nach Süddeutschland gezogen wegen der Arbeit“, sagte Henning.

Bei Burger und Pommes verlief der Abend mit ihm und den Kumpels recht lustig. Doch selbst wenn wir beide nicht mehr als Small Talk hielten, merkte ich, dass er nicht oberflächlich war. Er hörte aufmerksam zu, fragte ab und zu nach und laberte keine dummen Sprüche. Henning schien mir fast zu ernst für unsere Runde. Doch ich fand ihn spannender, als ich mir nach dieser kurzen Zeit eingestehen wollte. Trotzdem kam er mir weiterhin seltsam vor, und ich war unsicher, ob er sich für eine wie mich interessieren konnte. Eine Rockerin und zweifache Mutter!

Daher war ich ziemlich baff, als er am Ende des Abends zu mir sagte: „Wir können uns ja mal treffen. Wie wär's zum Frühstück?“, schlug er vor und zwinkerte mir zu.

Nun war ich mehr als baff. Normalerweise verabredete ich mich nicht zu einem Date, schon gar nicht zum Frühstück. Entweder ging es gleich zur Sache, oder man traf sich zufällig.

„Ja, ist gut. Montag passt“, antwortete ich erstaunt und dachte: *Seltsamer Typ. Der macht tatsächlich einen Termin aus.*

Am Montag kreuzte Henning dann bei mir auf. Ich war ein wenig aufgeregt, weil ich nicht wusste, wie sich die Sache entwickeln würde. Ich hatte meiner Freundin erzählt, dass Henning vorbeikommen würde, und sie war ziemlich neugierig.

„Na, den will ich mir mal genauer ansehen. Vielleicht ist der was für mich“, sagte sie am Telefon.

„Meinetwegen“, feixte ich nur.

Als es schließlich klingelte, öffnete ich gelassen die Tür.

„Moin, Henning, na dann komm mal rein.“

Ich bemerkte, wie er mit den Augen meine Wohnung überflog. Sie war wie immer aufgeräumt und sauber. Nur ein paar Spielsachen lagen herum. Henning stutzte und sah mich fragend an.

„Tja, das habe ich noch gar nicht erwähnt“, sagte ich und lachte. „Ich habe zwei Pflegefälle daheim.“ Klar liebte ich meine Kinder abgöttisch, aber ich wollte cool wirken.

„Pflegefälle?“ Henning verstand nicht.

Ich hob ein Kuscheltier auf und warf es aufs Sofa. „Zwei Kinder. Ein Mädchen und einen Jungen. Dorothy ist sechs und noch im Kindergarten. Und mein Vincent ist anderthalb und schläft nebenan."

Hennings Augen begannen zu leuchten. „Ach, darf ich den mal sehen?"

Mann, war ich überrascht! Klar mochten auch meine Kumpels meine Kleinen. Aber keiner wäre auf die Idee gekommen, sie unbedingt sehen zu wollen.

„Okay, na dann komm mal mit."

Henning folgte mir zum Kinderzimmer. Leise drückte ich die Klinke herunter und schob die Tür auf. Das Zimmer duftete nach Babypuder und Windeln. Henning sog die Luft ein. „Ich liebe den Geruch von kleinen Kindern", flüsterte er.

Dann ging er leise auf das Kinderbettchen zu. Vincent war wach und ruderte mit den Armen. Er wollte raus.

„Darf ich?" Henning deutete mit den Händen an, den Jungen hochzunehmen. Ich zuckte mit den Achseln. Ganz vorsichtig schob er seine Hände unter Vincents Rücken, nahm ihn in seine Arme und achtete darauf, sein kleines Köpfchen zu stützen.

„Bist ja ein echter Profi. Der kann aber den Kopf schon allein halten", grinste ich.

Es rührte mich, wie Henning da vor dem Kinderbettchen stand. *Wie ein Papa mit seinem Sohn*, schoss es mir durch den Kopf. Trotzdem war mir auch komisch dabei. *Was für ein merkwürdiger Typ!*

Auch Vincent wusste offenbar nicht, was er von der ganzen Sache halten sollte. Seine großen Augen wanderten zwischen mir und diesem Fremden hin und her. Als Henning ihn knuddelte, gluckste Vincent auf.

„Darf ich ihn mit in die Küche nehmen?", fragte Henning. Dort setzte er ihn in seinen Hochstuhl. Mein Sohn ließ den Fremden nicht aus den Augen.

Ich wunderte mich mehr und mehr über diesen Mann. Er behandelte mich respektvoll und machte überhaupt nicht den Eindruck, als ob er mich gleich verführen wolle. Im Vergleich zu mir und meinem hibbeligen Wesen schien mir Henning die Ruhe selbst. Gemeinsam setzten wir uns an den Frühstückstisch. Vincent nuckelte an einer Ecke seines Brötchens, das schon unappetitlich aufgeweicht war. Mit einer Hand schmierte er den Krümelbrei auf seinem kleinen Tischchen breit. Ich goss Henning Kaffee nach und quatschte nahezu ohne Punkt und Komma. Frei von der Leber weg erzählte ich ihm Storys aus meinem Leben. Was ich so trieb, dass ich Präsi eines Frauenclubs sei und so weiter.

„Ich kann dich ja mitnehmen in die Szene und dir ein paar Leute vorstellen", bot ich ihm an. Irgendwie hoffte ich ihn zu beindrucken.

„Ach nee, lass mal", winkte er ab.

Komischer Typ! „Okay, und was sind dann deine Hobbys? Erzähl doch mal was über dich", bat ich.

„Tja, Motorradfahren finde ich auch toll, aber …", antwortete er und nahm einen Schluck Kaffee. Selbst Vincent war gespannt, was nun kommen würde. „Aber mein größtes Hobby ist Jesus."

Vor Schreck hätte ich mich fast verschluckt. *Oh Hilfe*, dachte ich. *Jehovas Zeugen. Schnell weg mit dem.*

Zum Glück rettete mich die Türklingel. Meine Freundin kam *rein zufällig* vorbei. Wie angekündigt, wollte sie sich den Typen mal aus der Nähe angucken. Sie war sofort hin und weg von Henning, das merkte ich an ihrem verklärten Blick. Sie wollte gar nicht mehr weg, sondern nahm ganz selbstverständlich am Tisch Platz.

Ich amüsierte mich innerlich darüber, wie meine Freundin so offensichtlich mit Henning flirtete. Selbst ihm konnte das nicht entgehen. Aber er ließ sich nichts anmerken. Gegen Mittag, als auch Dorothy aus dem Kindergarten wieder da war, gingen wir zu fünft ein wenig shoppen. Jetzt machte Henning klar, wen er ins Auge gefasst hatte.

Mitten in einem Möbelladen nahm er plötzlich meine Hand und ließ sie nicht mehr los. Ich hielt die Luft an und traute mich nicht, ihn anzusehen. Es war ja nicht so, dass ich mich auf der Stelle weg in ihn verknallt hatte. Ich hätte ihn auch meiner Freundin abgetreten, Jehovas Zeugen und so. Aber nun imponierte es mir, dass er *mich* toll fand und nicht meine Freundin. *Wow!*, dachte ich und ließ ihn gewähren.

Am Abend brachte Henning mich und die Kinder mit seinem

BMW nach Hause. Es war schon dunkel, und in der Luft hing der Geruch von Feuerholz. Vincent war im Kindersitz eingeschlafen und wachte auch nicht auf, als Henning vorsichtig den Gurt löste und ihn herausnahm. Dorothy war noch wie aufgedreht. Sie fand Henning auf Anhieb toll und plapperte munter vor sich hin.

Henning blieb noch bei uns und sah zu, wie ich die Kinder bettfertig machte. Dorothy schleppte ein Buch an und wollte, dass Henning ihr eine Gute-Nacht-Geschichte vorlas. Er ließ sich nicht lange bitten. Währenddessen wickelte ich Vincent und legte auch ihn ins Bett.

„Gute Nacht", flüsterte Henning den Kindern zu. Wir ließen die Tür einen Spalt offen und gingen ins Wohnzimmer.

„Du kannst echt gut mit Kindern umgehen", sagte ich, während ich ein gemütlicheres kleineres Licht anknipste. Dann setzte ich mich nah zu Henning aufs Sofa.

Er lehnte sich zurück. „Ich mag Kinder."

Ich wollte nun endlich zur Sache kommen. Und auch Henning verstand. Er nahm meine Hände und streichelte sie. Das Knistern lag förmlich in der Luft. Ich schluckte. Nun musste nichts mehr erklärt werden. Wir küssten uns leidenschaftlich, und ich vergaß die Welt um mich herum. Unsere Hände tasteten sich sanft vor, und wir drückten uns eng aneinander, um den anderen zu spüren. Plötzlich rückte Henning abrupt von mir ab und stand auf. Er ordnete seine Kleidung und sah mich an. Auch ich hatte mich schnell wieder aufgerichtet und sah ihn verblüfft an.

„Du, Helma, es ist schön mit dir, aber mir wird die Sache zu heiß", sagte er und fuhr sich durch die Haare.

Zu heiß? Ich verstand nicht.

„Ich will nicht mit dir schlafen."

Fast wäre mir die Kinnlade heruntergefallen, und ich wusste nicht, was ich sagen sollte. *Was ist das denn?* Henning beugte sich zu mir, gab mir einen Kuss und verließ die Wohnung. Noch etwas, das ich so nicht kannte. Normalerweise endeten solche Abende unter Garantie im Bett. Gerade, wenn es heiß wurde.

Auch wenn Henning an diesem Abend nicht bei mir blieb, war er alles andere als auf und davon. Einige Tage später meldete er sich und wollte mich ins Kino ausführen. Der Babysitter war schon da, ich brachte die Kinder noch ins Bett und putzte mich ein wenig mehr als sonst heraus. Noch etwas Lippenstift. Ein bisschen Parfüm und dann fertig zum Ausgehen.

Nur einer fehlte. Henning.

Zehn Minuten, eine halbe Stunde. Eine ganze Stunde kam er schließlich zu spät.

Als ich zu ihm ins Auto stieg, war ich echt sauer. Aber ich hatte mich im Griff und verriet ihm meine Gefühle nicht. Ich wollte keine Schwäche zeigen. *Wäre ja noch schöner*, dachte ich stolz. Immer noch wollte ich mir nicht eingestehen, dass ich Henning doch um einiges mehr mochte als erwartet.

Henning entschuldigte sich und gab Gas, um rechtzeitig ins Kino zu kommen. Mit 200 Sachen rasten wir mit seinem BMW über die Autobahn.

„Willst du nicht wissen, warum ich zu spät war?", fragte er und griff nach meiner Hand.

Ich tat cool und wiegelte ab. „Nö, lass mal, das brauchst du mir nicht erzählen."

„Ich möchte es aber." Henning blieb hartnäckig. „Ich habe mit meiner Freundin Schluss gemacht."

Entgeistert sah ich ihn an. „*Was* hast du gemacht? Ich wusste noch nicht einmal, dass du eine Freundin hast!"

„Doch, wir waren zehn Jahre zusammen. Und seit heute ist Schluss."

Ich war fassungslos. „Jetzt hältst du mal lieber rechts an", dirigierte ich ihn.

Und Henning fuhr rechts ran.

„Weißt du was, Henning?", sagte ich und blickte ihn scharf an. „Ich bin Sozialhilfeempfängerin, habe zwei Kinder an den Hacken, Schulden, einen Ex-Mann, der mich mit einer Waffe bedroht hat – und du hast mit deiner Freundin Schluss gemacht? Wegen mir? Tickst du noch richtig?" So etwas hatte ich noch nicht erlebt.

Doch Henning ging nicht auf meine Worte ein. „Ich habe meine Entscheidung getroffen, Helma."

Dieser Satz war sein Schusswort. Henning wollte nicht darüber diskutieren. Er setzte den Blinker und fuhr weiter.

Im Kino konnte ich dem Film kaum folgen. Meine Gedanken kreisten wild in meinem Kopf herum. *Wie werde ich den Kerl wieder los? Der spinnt ja wohl. Der muss zu diesem Mädchen wieder zurück. Der kann die doch nicht wegen mir sitzen lassen.* Ich konnte nicht fassen, dass ich Henning so viel wert sein sollte. Der Typ war mir dubios. Ich vermutete sogar, er sei in einem Wahn, weil er einen Narren an meinen Kindern gefressen hatte.

Doch trotz dieser Zweifel fühlte ich mich zu Henning immer mehr hingezogen. Er war so anders als die Männer, mit denen ich sonst zusammen war. Henning gab mir das Gefühl, ein liebenswerter Mensch zu sein und nicht nur Lustobjekt.

Er spürte wohl meine Unsicherheit und dass er mir sein ehrliches Interesse nun zeigen musste. Deshalb blieb er in dieser Nacht bei mir. Es war Dienstag. Am Mittwoch drauf zog er für den Rest seines Urlaubs bei mir ein.

Kapitel 33

Wie neu geboren

Irgendwann waren unsere gemeinsamen Tage gezählt. Henning musste zurück nach Süddeutschland. Uns beiden war klar, dass die Zeit intensiv und schön gewesen war, aber jeder von uns hatte noch sein eigenes Leben. Was war das zwischen uns? Wie würde es weitergehen? Was ich von Anfang an an Henning mochte, war seine Geradlinigkeit und wie durchdacht er die Dinge anging. Und wieder überraschte er mich damit.

„Lass uns in der Pfalz ein paar Tage Urlaub machen“, sagte er zu mir. Henning stammte zwar ursprünglich aus dem Norden, war jedoch vor Jahren in eine Kleinstadt im Süden gezogen. Dort hatte er eine Wohnung.

Ich fand die Idee aufregend und sagte: „Klar, warum nicht.“

Er packte das Auto voll mit den Spielsachen der Kinder, und dann fuhren wir los. Auf der langen Tour wurde Vincent schlecht, und er kotzte den schönen BMW voll. Doch Henning blieb die Ruhe selbst und half mir beim Saubermachen.

Seine Wohnung war zwar klein, aber er gab sich Mühe, es mir und den Kindern so angenehm wie möglich zu machen. Am nächsten Tag musste er auf dem großen Bauernhof vorbeischauen, wo er als Qualitätsmanager arbeitete. Gegen sieben verließ Henning das Haus, und ich blieb mit den Kindern allein. Dorothy und Vincent schliefen friedlich, also nutzte ich die Zeit, um ein wenig durch die Wohnung zu streifen. Ich wollte Hennings Leben kennenlernen. Mit einer Tasse Kaffee in der Hand ließ ich meine Augen über das Bücherregal wandern.

„Mal sehen, was der so liest“, murmelte ich.

Wahllos nahm ich ein Buch heraus, öffnete es und sah mir die tollen Bilder an. Dann fiel mein Blick auf den Text, und es durchfuhr mich wie ein Blitz.

„Ach nee, die Geschichte von Lazarus und wie Jesus ihn vom Tod wieder auferweckt!“, rief ich erstaunt. Ausgerechnet die hatte ich aufgeblättert. „Das ist ja die Bibel!“

Ich war so baff, dass ich mich setzen musste. Ich stellte die Tasse ab und las die ganze Geschichte. Tief bewegt dachte ich an meine Oma, die mich mit dieser Geschichte immer getröstet hatte, wenn ich wieder einmal von meiner Mutter verprügelt worden war.

In den nächsten Minuten rauschte mein Leben wie im Film an mir vorbei. Gewalt. Okkultismus. Alkohol. Sören. Mist. Absturz. Leere. *Du bist es echt nicht wert, geliebt zu werden.* Wieder breitete sich dieses allzu vertraute Gefühl in mir aus und schnürte mir die Kehle zu. Ich legte die Bibel beiseite und ging hinaus auf den Balkon. Heftig sog ich die frische Luft ein. Ich fühlte mich so schmutzig und sehnte mich danach, befreit zu werden.

„Jesus, wenn es dich wirklich gibt“, brach es plötzlich aus mir heraus, „dann hilf mir bitte. Ich bin am Ende und schaffe das nicht mehr allein.“

Traurig blickte ich vom Balkon hinunter in die Tiefe. Plötzlich übermannte mich abgrundtiefe Verzweiflung. *Soll ich springen, oder gibt es noch ein anderes Leben, eine zweite Chance für mich?* Doch dann dachte ich an meine unschuldigen Kinder, und es fröstelte mich. Ich ging zurück ins Wohnzimmer.

Dort schien plötzlich irgendetwas anders zu sein. Mir war, als ob ich nicht mehr allein in dem Zimmer stand. Es war leer. Die Kinder schliefen. Und doch spürte ich, dass da noch jemand war. Ein warmes Gefühl breitete sich in mir aus, und ich spürte Freude. Am liebsten hätte ich laut aufgelacht. *Was passiert hier?*

Auf unerwartete Weise war ich auf einmal erleichtert, so als ob eine tonnenschwere Last von mir abgefallen war. *Hat Gott tatsächlich mein Schreien gehört? Gibt er mir diese Freude?* Ich konnte nicht anders, als dies zu glauben. Es musste Gott sein! Denn solch einen inneren Frieden hatte ich niemals zuvor erlebt. Ich spürte seine Gegenwart, und auf unerklärliche Weise hatte ich das Gefühl, als ob Gott mir sagen wollte: „Mein Kind, ich liebe dich. Ich habe dich schon immer geliebt und auf dich gewartet.“

Mir kamen die Tränen. Ich sank in den Sessel und vergrub das Gesicht in meinen Händen. Nun weinte ich über all das, was ich in meinem Leben falsch gemacht hatte. Über all meine Verfehlungen. Ich hatte meine Oma ja oft beten gehört. Ganz frei und natürlich hatte sie mit Gott geredet. Also war es mir in diesem Moment wie selbstverständlich, auch mit Gott zu sprechen. In meiner Verzweiflung und Hoffnungslosigkeit betete ich nun zu Jesus. Schluchzend sprach ich in den leeren Raum hinein: „Gott, hilf mir bitte. Ja, Jesus, ich liebe dich.“ Und ich wusste, dass er mir zuhörte. Ich konnte ihn nicht sehen, anfassen oder auf ihn zugehen. Doch ich spürte, dass ich von ihm gehalten wurde. Endlich fühlte ich mich so geborgen wie niemals zuvor. Nicht bei meinen Ehemännern, nicht bei Sören und noch nicht einmal bei meiner Oma. *Ja, ich werde geliebt. Geliebt von Gott. Geliebt mit all meinen Fehlern.* Ich fühlte mich wie neugeboren.

Als Henning am Abend die Tür öffnete und in die Wohnung trat, überkam ihn ein merkwürdiges Gefühl. Etwas stimmte hier nicht!

„Helma?“, rief er vom Flur aus.

Ich stand in der Küche und hatte ihm den Rücken zugewandt. Von hinten trat er an mich heran und fragte unvermittelt: „Hast du Jesus dein Leben gegeben?“

Überrascht drehte ich mich herum. Wie konnte er das wissen?

Das Leuchten in meinen Augen war ihm Antwort genug.

„Ach, Helma, ich habe das Gefühl, dass ich in ein anderes Gesicht schaue“, sagte er und nahm mich in den Arm. „Da ist kein Zorn zu sehen, kein nervöses Lauern, kein Misstrauen. Es liegt schlicht Ruhe in deinem Blick.“

„Ja, Henning, ich habe gebetet“, sagte ich und löste mich aus der Umarmung. Dann erzählte ich ihm, was ich am Vormittag erlebt hatte. „Henning, es ist unfassbar. Ich war so verzweifelt, doch Jesus ist mir begegnet, und mit ihm kann ich nun neu anfangen. Und mit dir! Wenn du willst.“

Früher waren Religion und Glaube für mich immer Sache anderer Leute gewesen. Gottesdienste fand ich langweilig, den Pfarrer hasste ich, und meine Lehrer hatten zwar zum lieben Gott gebetet, doch selbst unbarmherzig mit dem Rohrstock unterrichtet. Außerdem: Wie konnte ich einem Gott vertrauen, der mir nie geholfen hatte, wenn meine Mutter mit der Eisenstange zuschlug? Allein meine Oma hatte wirklich auf Gott gebaut. Ich verstand nun, warum sie so fest an Jesus glaubte. Sie hatte eine ganz persönliche Beziehung zu ihm gehabt.

„Jesus Christus ist mein größtes Hobby“, hatte Henning bei unserem ersten Treffen zu mir gesagt. Doch im Grunde hatte er mir kaum etwas von Gott erzählt. Dass er seinen Glauben überhaupt erwähnt hatte, war eher untypisch. Meist hielt er sich zurück. Er hätte nie damit gerechnet, dass ich in so kurzer Zeit selbst Christin werden würde. Nun war er überwältigt und freute sich. Zudem war er erleichtert, denn damit war auch sein Gebet erhört worden. Er hatte sich eine Frau gewünscht, die wie er an Jesus glaubte.

Am 7. November 1997 war es bei mir so weit gewesen. Den Tag, an dem ich Ja zu Jesus Christus sagte, werde ich nie vergessen.

Kapitel 34

Kein frommer Spleen

In den Tagen, nachdem ich vor den Scherben meines Lebens gestanden und mein Leben Jesus anvertraut hatte, dachte ich immer wieder auch über meine Vergangenheit nach. *Ich habe doch echt gelebt wie in einem Schweinstall*, schämte ich mich jedes Mal, wenn ich an den ganzen Schmutz, die Gewalt, die Perversität, an meine Hörigkeit und Abhängigkeit von Männern dachte. Und an meine Gier nach Macht und Anerkennung. Nun bereute ich all diese Dinge. Und in solchen Augenblicken nistete sich immer wieder auch dieser vernichtende Gedanke in meinen Kopf ein: *Du bist es nicht wert!*

Ich erzählte Henning von meinen Zweifeln. Er riet mir, in solchen Momenten zu Gott zu beten. Das tat ich dann auch. Ich sprach ganz natürlich in meinen eigenen Worten mit ihm. „Gott, du liebst mich und hast mir eine zweite Chance gegeben. Und auch wenn ich mich schäme für meine Vergangenheit, du hast mich neu gemacht. Dafür danke ich dir.“ Nach einem solchen Gebet fühlte ich mich erleichtert und hatte die Gewissheit, dass ich es schaffen konnte, mein altes Leben hinter mir zu lassen. Denn Gott hat die Macht und Kraft, mir dabei zu helfen. Darauf vertraute ich nun. Darauf musste ich vertrauen.

Als ich mit den Kindern nach einer Woche wieder zurück nach Norddeutschland fuhr, wusste ich, dass ich dort nicht anknüpfen wollte, wo ich aufgehört hatte. Ein wenig hatte ich Bammel, wie ich es den *Queens* erklären sollte, dass ich nun Christin geworden war. Ich fiel nicht gleich mit der Tür ins Haus. Alles war noch so neu für mich. Doch auch ohne große Erklärung, allein durch mein Verhalten, merkten die Frauen, dass irgendetwas mit mir passiert und ich nicht mehr die Alte war. Bei unserem ersten Treffen im Clubhaus war ich äußerlich ganz *ihre Helma*, doch innerlich rebellierte es in mir, wenn derbe Witze die Runde machten.

„Hey, hey, lass das mal“, fuhr ich dazwischen, als eine *Queen* davon schwärmte, jemandem ordentlich auf die Fresse zu hauen. Immerhin war ich noch der Präsi, und die anderen hörten auf mich. Doch die Frauen steckten jetzt häufiger die Köpfe zusammen und tuschelten: „Was ist denn mit der los? Bestimmt ist die jetzt bei der Bhagwan-Sekte, so einer indischen Guru-Truppe“, munkelten sie. Auch Eintopf, mein engster Kumpel, nahm meinen neuen *Spleen* nicht so ernst. Wenn ich von Jesus redete, sagte er: „Das geht vorbei, Helma. Du kommst schon wieder zurück zu uns.“

Doch ich kehrte nicht um. Ich war entschiedener denn je. Das, was Gott mir gegeben hatte, wollte ich nie mehr aufgeben. Ich fühlte mich geliebt und angenommen wie nie zuvor. Und ich hatte diese Freude am Leben und die Liebe zu Henning. Ich wollte nichts anderes mehr.

Instinktiv spürte ich, dass ich jetzt alte Brücken abreißen und Vergangenes hinter mir lassen musste. In den nächsten Wochen zog ich mich immer mehr aus der Szene zurück. Ich hatte mich ohnehin um meine Kinder zu kümmern, und außerdem war da auch nicht mehr dieses Verlangen, auf Partys zu feiern und mit den *Queens* abzuhängen. Ich hatte jetzt Henning und Jesus.

Seit der Zeit mit Henning in Süddeutschland war mir die Rockerwelt nicht mehr wichtig. Sie kam mir nun chaotisch, wild und schmutzig vor. Saufen und Schlägereien: Davon hatte ich mich zwar wegen der Kinder ohnehin schon zurückgezogen, aber ich war entschlossen, mit Henning eine ruhige Beziehung ohne all die Gewalt und Grobheit zu leben. Gott hatte in der kurzen Zeit mein Denken dermaßen verändert, dass ich in meine alte Welt ohnehin nicht mehr zurückwollte. Ich dachte vielmehr an mein Leben mit Henning. Das gab mir Kraft. Ich hatte Sehnsucht nach ihm. Ich liebte ihn. Alles an ihm. Und ich vertraute ihm. Henning tat mir gut. Sein ruhiges, sanftes Gemüt stand zwar im krassen Gegensatz zu meinem Wirbelwind-Temperament. Aber er wollte mich nicht verändern und nahm mich so, wie ich war. Er versuchte mich nicht in eine Rolle zu drängen, sondern achtete und lobte mich. „Das machst du echt toll mit den Kindern“, sagte er oft zu mir.

Und Henning hatte wirklich einen Plan vom Leben. Dafür brauchte er keine Waffen oder Fäuste. Er verabscheute ohnehin brutale

Gewalt. Seine Ausgeglichenheit färbte auch auf mich ab. Ich wurde innerlich ruhiger. Ich beichtete Henning alles aus meiner Vergangenheit und all die Sachen, die ich auf dem Kerbholz hatte. Klar war das eine Zitterpartie für mich. Denn ich hatte Angst, dass er mich deshalb verabscheute und Schluss machte. Aber Henning wollte alles wissen, und ich wollte ihm alles erzählen. Keine Geheimnisse. Keine Lügen. Keine Scheinwelt. Alles sollte auf den Tisch. Diesmal wollte ich alles richtig machen. Seit jenem Tag im November 1997, als mein Leben eine radikale Wendung genommen hatte, wurde unsere Beziehung fester. Tatsächlich hatte ich unglaubliches Vertrauen zu ihm. Ich musste ihn nicht beeindrucken und die Harte und Coole spielen. Und Henning akzeptierte meine Kinder nicht nur. Er hatte sie richtig gern. Er spielte viel mit ihnen, und die Kinder waren vernarrt in ihn. Bald sagten sie *Papa* zu ihm.

Fast jeden Freitag fuhr er von Süddeutschland die mehr als 700 Kilometer, um mit mir und den Kindern zusammen zu sein. Er schenkte mir auch eine Bibel in einer modernen Übersetzung. Die Texte waren in einfachem Deutsch geschrieben und leichter zu verstehen als die alte Lutherübersetzung. Ich hatte sowieso schon immer gern gelesen, doch nun war die Bibel mein Lieblingsbuch. Besonders das Johannesevangelium im Neuen Testament gefiel mir. Es faszinierte mich, wie Jesus kranke Menschen geheilt hatte, wie er mit Frauen umgegangen war und mit seinen Jüngern. Er war der Chef, doch auch wenn er die Jünger mal hart rannahm, tat er das nur aus Liebe. Schließlich sollten sie eines Tages sein Werk fortführen und vor allem begreifen, dass er Gottes Sohn war. *Das ist doch mal ein richtig klasse Präsi*, dachte ich. Und ich mochte die Geschichten aus dem Alten Testament von Kriegen und Siegen. Ein Faible aus der alten Zeit.

Auf die Dauer belastete Henning und mich jedoch die Fernbeziehung. Kurz vor Dorothys Einschulung im Jahr 1998 entschloss ich mich, mit den Kindern nach Süddeutschland in Hennings Nähe zu ziehen. Die schlechten Erinnerungen an meine beiden letzten Ehen hielten mich davon ab, direkt mit ihm zusammenzuziehen. Ich suchte mir also eine kleine Wohnung, und nach und nach glaubte ich daran, dass mein Traum von einer heilen Familie doch in Erfüllung gehen könnte.

Gemeinsam als Paar wollten wir nun auch mehr mit anderen Christen zusammen sein und schlossen uns einer evangelischen Freikirche an. Sonntags gingen wir in den Gottesdienst und einmal in der Woche zum Hauskreis. Diese kleinen Treffen fanden zu Hause bei Leuten aus der Gemeinde statt. Dort hatten wir Zeit, über Bibeltexte zu sprechen, was sie bedeuten und wie man alles in seinem eigenen Leben umsetzen konnte. Meist wurde vorher gesungen. *Oh, Hilfe!* Es war anfangs schon komisch, Kirchenlieder aus dem Liederbuch zu singen, denn ich mochte eher Disco-Mucke und Hardrock. Aber ich gewöhnte mich daran, denn schließlich ging es in den Liedern um Gott und nicht um den *Highway to Hell*. Nun hing ich nicht mehr mit Rockern ab, sondern saß mit anderen Christen zusammen und studierte die Bibel. Und das war überhaupt nicht langweilig. Während mich noch vor Monaten das Motorradfahren und Clubleben mit den Rockern verbunden hatte, war es nun der Glaube an Jesus, den ich mit anderen Christen teilte. Genau das wollte ich!

Aus meiner Kindheit kannte ich nur die öden Gottesdienste in der Kirche. Was der Pfarrer damals von der Kanzel predigte, interessierte mich nicht die Bohne. Ich verstand eh kaum, was er meinte. Und wenn ich an dem *lieben Gott* des Pfarrers zweifelte, war ich gleich die Rebellin. *Unerhört!*

Doch jetzt glaubte ich wirklich an Gott und sog die Predigten förmlich auf. Ich wollte unbedingt mehr erfahren über den Vater im Himmel und seinen Sohn Jesus Christus. Im Hauskreis waren Nachfragen erlaubt, und niemand schaute einen schief von der Seite an. Besonders beeindruckte mich, dass auch viel gebetet wurde. Hatte jemand ein Anliegen auf dem Herzen oder war jemand krank, faltete man in der Runde dafür die Hände. Echt klasse! Füreinander zu beten entwickelte sich bei mir zu einer wichtigen Angelegenheit. Henning und ich beteten auch viel gemeinsam, besonders dafür, dass Gott uns zeigte, wie wir nach seinem Willen leben sollten. Und wir traten im Gebet für unsere Familien ein, dass auch sie eines Tages zum Glauben an Jesus Christus finden würden.

Auch für meine Kinder war nun einiges neu daheim. Vor dem Essen dankten wir Gott für alles, was wir hatten. Für das Mittagessen, aber auch, dass das Wetter an diesem Tag so schön war, für die Arbeit von Henning, ach, einfach für alles, was uns einfiel. Die Gute-Nacht-Geschichten drehten sich jetzt häufiger um Jesus, und Dorothy hatte neben ihren anderen Büchern auch eine schöne, bunte Kinderbibel.

Natürlich nahmen wir die Kinder mit in die Gemeinde. Vincent war noch zu klein dafür, aber meine Dorothy, inzwischen sieben Jahre alt, besuchte während des Gottesdienstes die Kinderstunde. Auch sie liebte die Geschichten von Jesus. „Jesus ist jetzt auch mein Freund", erzählte sie eines Tages nach der Kinderstunde. Das hatte sie so noch nie gesagt. Henning und ich sahen uns mit leuchtenden Augen an.

Kapitel 35

„Papa liegt im Sterben"

Im Sommer 1998 erreichte mich die traurige Nachricht, dass mein Vater einen Schlaganfall erlitten hatte und im Krankenhaus lag. Meine Schwester eröffnete mir am Telefon: „Papa liegt im Sterben."

Bei diesen Worten brach ich zusammen. Ich weinte und vergrub mein Gesicht in Hennings Armen. Wir gingen auf die Knie und baten Gott um etwas Zeit, denn ich wollte meinem Vater unbedingt noch persönlich von Jesus Christus erzählen.

In den vergangenen Monaten war mir durch die Bibellektüre immer deutlicher geworden, dass unser Leben nicht mit dem Tod endet. In Gottes Wort hatte ich gelesen, dass diejenigen, die an Jesus glauben, nicht verloren sind, sondern das ewige Leben haben. Auch wenn der Körper stirbt, gibt es ein Leben nach dem Tod bei Gott. Mir war bewusst geworden, dass es Himmel und Hölle tatsächlich gibt.

„Bitte, Gott, ich flehe dich an, gib mir noch eine Gelegenheit, dass ich Papa sagen kann, wie sehr du ihn liebst“, betete ich. Die Zeit drängte. Mir war, als hätte der Wettlauf um die Seele meines Vaters begonnen.

Am nächsten Tag setzte ich mich mit Dorothy und Vincent ins Auto und fuhr nach Norddeutschland. Spätabends kam ich in der Klinik an. Als ich die Tür zum Krankenzimmer öffnete, erschrak ich sehr. Ich hatte meinen Vater seit Monaten nicht mehr gesehen, und sein abgemagerter Körper erschütterte mich bis ins Mark. Er war an ein Beatmungsgerät angeschlossen. Sein Brustkorb hob und senkte sich. Nur das Geräusch der Maschine war zu hören. Der Raum wirkte auf mich kalt und finster. *Das ist ein Sterbezimmer*, dachte ich.

Ich trat näher an das Bett meines Vaters heran und strich ihm sanft über den Kopf.

„So dünn bist du geworden, Papa“, flüsterte ich. Tränen liefen über meine Wangen. „Ach, Papa, ich bin es, Helma.“

Jetzt erst nahm ich meine beiden Schwestern richtig wahr, die noch auf mich gewartet hatten. Ich wandte mich zu ihnen und bat, einen Moment mit meinem Vater allein sein zu dürfen.

„Er kann dich eh nicht verstehen“, sagte Doris. „Er liegt im Koma. Vielleicht stirbt er heute noch.“

Ich blickte meinen Schwestern verzweifelt hinterher, als sie das Zimmer verließen. *Sterben?*, dachte ich. „Oh nein, Gott. Bitte, lass ihn noch einmal wach werden. Wenn ich doch nur ein paar Augenblicke mit ihm geschenkt bekäme“, betete ich leise. Liebevoll strich ich meinem Vater über die Hand und ließ meine Gedanken schweifen. Ich sah ihn vor mir, wie er in seiner Werkstatt an Möbeln baute. Das war seine einzige Freude. Seine Werkstatt. Es tat mir so leid, dass ich ihm nicht die Tochter gewesen war, auf die er stolz sein konnte. All den Mist, den ich verzapft hatte. Nie hatte ich ihm zeigen können, dass ich ihn liebte. Nun bereute ich das zutiefst.

Ich spürte, dass das Leben unaufhaltsam aus seinem schwachen Körper wich. *Bin ich zu spät gekommen? Es wird keinen Moment mehr geben, ihm zu sagen, dass Jesus ihn in seine Arme aufnehmen möchte*, dachte ich. Tiefe Traurigkeit erfasste mich. Ich küsste meinen Vater auf die Stirn und ging aus dem Zimmer.

Ich übernachtete bei Doris und meinem Schwager Horst. Das Läuten des Telefons riss mich gegen drei Uhr morgens aus einem wirren Traum. Es war das Krankenhaus. Mein Vater war aufgewacht! Hastig schlüpfte ich in meine Sachen, band mir die Haare zu einem Zopf zusammen und fuhr los. „Es ist noch Zeit. Danke, Gott!“, betete ich während der Fahrt.

Ich stürmte durch die Eingangshalle der Klinik und hastete über den Gang zum Zimmer meines Vaters. Meine Schwestern waren über Nacht geblieben.

„Er ist aufgewacht, kurz nachdem du weggegangen bist“, sagte Doris.

Innerlich triumphierte ich. Gott hatte mein Gebet erhört.

Mein Vater atmete jetzt selbstständig, doch er konnte nicht sprechen und war einseitig gelähmt. Ich schickte meine Schwestern nach Hause. Sie waren total übernächtigt. Als sie fort waren, setzte sich ich mich ans Bett meines Vaters. Ich konnte meinen Blick nicht von ihm wenden.

„Papa, hier ist Helma“, sagte ich leise. Meine Hand drückte fest die seine. Da ging ein Strahlen über sein Gesicht. „Hallo, Papa!“

Ich griff in meine Handtasche und zog die Kinderbibel von Dorothy hervor. Auf der Suche nach einer passenden Stelle ließ ich die Seiten durch meine Finger gleiten. *Was soll ich lesen? Was ist passend für meinen Vater? Für einen Menschen, dem vielleicht nur noch wenig Zeit bleibt?* Da fiel mir die Geschichte ein, mit der meine Oma mich immer getröstet hatte. Ich fand sie im Neuen Testament im Lukasevangelium und begann zu lesen:

Maria und Martha machten sich Sorgen. Ihr Bruder Lazarus war krank – sehr krank. Die beiden Schwestern wussten, dass Lazarus wahrscheinlich bald sterben würde. Sie schickten jemanden, um Jesus zu holen, denn er liebte diese kleine Familie aus Bethanien. Als Jesus von Lazarus hörte, sagte er zu seinen Jüngern: „Diese Krankheit wird nicht im Tod enden."

Obwohl Jesus viele Kilometer von Lazarus weg war, wusste er genau, was mit ihm passieren würde. Jesus wartete zwei Tage, bis er sich auf den Weg nach Bethanien machte. Dann sagte er etwas, das seine Jünger sehr verwirrte. „Lazarus ist tot. Ich bin froh, dass ich nicht dort war, denn ihr sollt lernen zu glauben."

Was hatten diese seltsamen Worte zu bedeuten? Was hatte Jesus vor? Als Jesus in Bethanien ankam, war Lazarus schon seit vier Tagen tot. Sein Körper war in Leichentücher eingewickelt und lag in einem Höhlengrab. Martha lief zu Jesus.

„Dein Bruder wird wieder auferstehen", sagte Jesus.

„Ich weiß – in der Auferstehung am letzten Tag", antwortete Martha. Sie dachte, dass sie bis zum Ende der Zeit warten müsste, um Lazarus wiederzusehen. Aber Jesus meinte etwas ganz anderes.

„Ich bin die Auferstehung und das Leben", sagte Jesus zu Martha. „Wer an mich glaubt, wird leben, auch wenn er stirbt."

Martha glaubte Jesus. Sie wusste, dass er Gottes Sohn war. Aber wie konnte er Lazarus helfen? Alle waren traurig, weil Lazarus gestorben war. Seine Schwester Maria weinte, genau wie ihre Freunde, die versuchten, sie zu trösten. Selbst Jesus weinte. Jesus ging mit den Leuten zu dem Grab. Ein großer Stein lag vor dem Eingang.

„Nehmt den Stein weg", befahl Jesus.

„Herr", antwortete Martha, „er stinkt bereits, denn er ist schon vier Tage tot." Weil Jesus es befohlen hatte, hoben die Männer den Stein weg. Dann betete Jesus zu seinem Vater im Himmel. Jesus wollte ein Wunder tun. Das sollte so großartig sein, dass die Menschen wissen würden: Gott hat ihn gesandt.

„Lazarus!", rief Jesus. „Komm heraus!" Die Leute haben das Grab wahrscheinlich voller Erstaunen angestarrt. Kann Jesus einen toten Mann lebendig machen? Ja! Lazarus kam aus dem Grab, eingewickelt in die Leichentücher – lebendig!

„Befreit ihn von den Tüchern", sagte Jesus. „Lasst ihn gehen."

Was für eine Freude es nun gab. Tränen verwandelten sich in Lachen. Jesus hatte sein Wort gehalten. Lazarus lebte wieder. Viele Menschen, die dieses Wunder sahen, glaubten an Jesus. Aber ein paar andere verrieten ihn an seine Feinde, die Pharisäer. Aus Neid planten sie, Jesus zu töten. Deswegen ging Jesus für eine Weile fort.

Ich schaute von dem Buch auf. Damals als Kind hatte mich die Freundlichkeit von Jesus immer beeindruckt. Und eben durch diese Geschichte hatte auch ich zu Gott gefunden.

„Papa, Jesus will auch dir helfen." Meine Stimme zitterte. „Gott kennt dich, und er liebt dich", sagte ich in festerem Ton. „Er hat seine Liebe gezeigt und seinen Sohn Jesus Christus geschickt. Jesus starb am Kreuz für unsere Sünden. Und er wurde auferweckt von den Toten und ist nun beim Vater im Himmel."

Ich wurde nervös. Das alles hatte ich am Krankenbett meines Vaters nicht einfach nur so dahingesagt. Ich glaubte diesen Worten, und mir war es immens wichtig, dass auch mein Vater an Jesus glaubte. Ich wollte nicht, dass er in der Hölle landete, sondern seinen Frieden mit Gott machte. Als einfache Frau kannte ich nur wenige Texte aus der Bibel, aber ich hatte verstanden, dass an Jesus kein Weg vorbeiführt.

„Gott hat auch mir meine Sünden vergeben. Ich glaube an ihn. Ich folge Jesus, und mein Leben hat sich geändert. Ich bin jetzt echt glücklich, denn ich habe eine zweite Chance bekommen." Ich sah meinen Vater an. Tränen standen in meinen Augen. „Papa, wenn auch du dein Leben Jesus geben möchtest, dann drück meine Hand", schluchzte ich. „Wenn nicht, dann mach deine Augen zu."

Ich senkte den Kopf und wartete. Innerlich betete ich. Dann vernahm ich ein leichtes Drücken in meiner Hand. Am Ende seines Lebens hatte sich mein Vater entschieden. Entschieden für ein Leben bei Gott. Augenblicklich stand ich auf und küsste ihn auf die Wange. Ich freute mich so sehr. Und ich hatte ein ähnliches Gefühl wie damals, als ich zu Gott gefunden hatte: Das Zimmer wirkte nun nicht mehr kalt und düster, sondern war voller Wärme. Es war, als ob Jesus direkt neben uns stand.

„Du brauchst nun keine Angst mehr vor dem Sterben zu haben, Papa", sagte ich.

Er sah mich mit einem leichten Lächeln um die Mundwinkel an.

„Du kommst in den Himmel. Und ich liebe dich von ganzem Herzen. Das sollst du unbedingt wissen.“ Noch niemals zuvor hatte ich ihm das sagen können. Es kam mir nun leicht von den Lippen und war ehrlich gemeint.

Sieben Tage später starb mein Vater daheim. Sein letzter Blick fiel auf seine Werkstatt neben dem Haus.

Kapitel 36

Warten für Gott

Seit einiger Zeit schon besuchten Henning und ich gemeinsam den ALPHA-Kurs in unserer Kirchengemeinde. Am Anfang eines Kursabends aßen alle Teilnehmer miteinander. Danach packten wir unsere Bibeln aus, Stift und Schreibblock. Es war ein bisschen wie in der Schule. Der Pastor vermittelte uns die Grundlagen des christlichen Glaubens, erklärte, wie die Bibel und die ersten Gemeinden entstanden waren, wer der Heilige Geist ist und all solche Sachen. Wir konnten Fragen stellen und diskutierten miteinander. Ich war in der Gruppe für Glaubensneulinge. Henning ging zu den Fortgeschrittenen, die sich in einem anderen Raum trafen. Das gefiel mir eigentlich nicht, denn ich wollte da sein, wo Henning war.

Im Kurs bekamen wir das Buch *Heiße Eisen angepackt* geschenkt. Der Autor widmete sich sieben Fragen, die häufig zum christlichen Glauben gestellt wurden. *Woher kommt das Leid?* oder *Wie stehen Christen zu Homosexualität?* Ich fand die Lektionen spannend, denn genau diese Fragen hatte ich auch. Doch die Antworten von anderen Christen hatten mich bislang nicht befriedigt.

Nur ein Kapitel des Buches überschlug ich meist schnell, kam aber immer wieder darauf zurück: Sexualität. Ein Thema, bei dem ich wahrlich keine Aufklärung mehr brauchte. Doch *das heiße Eisen* fasste der Autor in ganz anderer Weise an: „Ist Sex vor der Ehe verkehrt?", fragte er. Für mich klare Sache: Ganz bestimmt nicht! Dennoch kam ich in einen inneren Konflikt, denn ich wollte nach Gottes Willen leben. Bedeutete dies nun, dass ich gegen ihn sündigte, weil ich ja mit Henning schlief? *Brrr. Unangenehm.* Also mied ich es, tiefer in das Thema einzutauchen.

Was ich nicht wusste, war, dass Henning zur selben Zeit ebenfalls genau dieses Buch las. Logisch. Er hatte es auch im Kurs bekommen. Tja, und weil Henning auch vor unbequemen Dingen im Glauben nicht Halt machte, ging er geradewegs das Kapitel durch. Er packte *das heiße Eisen* an und traf eine folgenreiche Entscheidung.

Es war Februar und mein Geburtstag. Henning und ich gingen schick essen und wollten einen romantischen Abend zu zweit verbringen. Als wir nach dem Essen vor dem Lokal standen, sagte Henning mit fester Stimme: „Helma, wir können so nicht weiterleben! Miteinander schlafen, ohne verheiratet zu sein: Da liegt kein Segen drauf."

Zack, das saß. Ich wusste, was Henning meinte. Früher hatte mich das nicht die Bohne interessiert. Pah, bis zur Ehe warten, die Zeiten waren doch längst vorbei! Es war völlig normal für mich, mit Männern zu schlafen. Doch nun waren wir Christen und wollten beide ein Leben führen, das Gott ehrt. Also hatte ich mich vor ein paar Tagen durchgerungen, das Kapitel und die Bibelstellen zu lesen, in denen es um Sexualität zwischen Mann und Frau geht. Sie sei für die Ehe gemacht, las ich. Männer und Frauen würden „ein Fleisch" werden, wenn sie miteinander schlafen. *Wahnsinn, also ein Ganzes*, dachte ich. Und genau diesen Bund nennt Gott Ehe. Nicht tausendundein Partner, sondern Ehemann und Ehefrau.

Henning und ich wussten nun beide, dass wir nicht so lebten, wie Gott es sich wünschte. Wir konnten das nicht einfach so ignorieren. Also mussten wir etwas ändern. Es war für uns kein Druck von oben, sondern es ging uns einfach darum, Gott nicht unglücklich zu machen und ihm gehorsam zu sein. Ja, auch wenn es komisch klingt: Ich wollte Gott gefallen, denn ich war so dankbar, dass er mich aus meiner Not herausgeholt und mir einen neuen Lebenssinn geschenkt hatte. Sollte ich da nicht auch etwas für ihn tun? Aber was?

Mit einem Mal sagte Henning ganz ruhig: „Helma, entweder wir müssen uns sofort trennen oder heiraten."

Wie bitte??? Ich war wie vor den Kopf gestoßen. Wir hatten nie über Hochzeit gesprochen. Nach meinen beiden katastrophalen Ehen war ich ein gebranntes Kind und mit dem Thema durch. Selbst wenn ich Henning liebte. Auch für Henning war die jetzige Beziehung doch völlig in Ordnung gewesen. Ich wurde sauer. *Also hopp oder top? Er wäre bereit, von heute auf morgen mit mir Schluss zu machen?*, ging es mir durch den Kopf. *Wäre ich dazu fähig?*

Wir wurden auf eine harte Probe gestellt. Plötzlich merkten wir, dass Gott uns etwas abverlangte, wenn wir konsequent nach seinem Willen leben wollten.

„Was sollen wir tun, Henning?", fragte ich vorsichtig. Ich wollte nicht mehr ohne ihn leben. „Henning, *was* sollen wir tun?", fragte ich noch einmal. *Würde Henning wirklich Jesus über mich stellen?*

„Lass uns gehen", sagte er, ohne auf meine Frage zu antworten. Er wollte und konnte sich offenbar nicht jetzt entscheiden. Jeder in seine Gedanken versunken, gingen wir heim.

Noch in derselben Nacht riefen wir Hennings Onkel an. Er war Ältester in einer christlichen Gemeinde. Vorsichtig hatte er Henning schon mehrmals angesprochen, dass das mit der wilden Ehe nicht so ginge. Doch nun hörten wir ganz genau zu und entschlossen uns – zu heiraten. Klar, sehr romantisch klingt das nicht, aber es war dennoch eine Entscheidung aus Liebe. Oder gerade deshalb! Noch in der Nacht knieten wir nieder und bekannten voreinander und vor Gott unsere Sünden. Ich ließ nichts aus, was ich in der Vergangenheit an abartigen Dingen getan hatte. Nach dieser Buße fühlte ich mich leichter. Das war am 28. Februar 1999. Vom 1. März an lebten wir enthaltsam. Auch geküsst haben wir uns nicht mehr. Wir wollten lieber nicht das Risiko eingehen, am Ende doch im Bett zu landen.

Ich hätte es nicht für möglich gehalten, aber es folgte die bis dahin beste Zeit unserer Beziehung. Während wir sonst intim wurden, saßen wir abends einfach nur nebeneinander, hielten uns bei den Händen und sprachen über unsere Wünsche und Vorstellungen von einer gemeinsamen Zukunft. Das war eine ganz neue Erfahrung für mich. Innerlich sehnte ich mich natürlich nach körperlicher Nähe und begehrte Henning sehr, aber ich wusste auch, dass wir dies wieder haben würden. Dann aber richtig und mit dem Segen Gottes.

Ich konnte warten.

Kapitel 37

Alles richtig

Wir heirateten am 9. September 1999. Es war ein fantastischer Tag und eine kleine, unspektakuläre Hochzeit ohne viel Tamtam – und doch etwas ganz Besonderes. Niemand hatte uns da reinreden sollen. Und das geschah auch nicht. Denn meine Mutter und meine Verwandten kamen zwar, aber eben nur als Gäste. Wir machten alles so, wie wir uns das vorstellten.

Ich trug einen Traum von einem Kleid, champagnerfarben, oben mit Spitze, und meine langen, lockigen Haare waren gebändigt und aufwendig hochgesteckt. Seit ich mit Henning zusammen war, ließ ich sie mir wachsen. Um den Hals trug ich eine dreireihige Perlenkette, und mein Brautstrauß war fast so lang wie das Kleid selbst. Und wir hatten herrliches Wetter. Die Sonne brannte auf meine bloßen Arme, und im Brautauto, unserem schwarzen BMW ohne Klimaanlage, drückte die Hitze. Ich war besorgt, dass mir die Schminke dadurch verlaufen würde.

Meine Schwester Doris und ich hatten meinen Einzug in die Kirche ganz romantisch geplant. Im blitzblanken, schicken BMW wollte sie mich zur Kirche fahren. Henning sollte am Altar stehen und ich durch das Portal auf ihn zulaufen, wenn der Hochzeitsmarsch ertönte. Wie im Film! Ich stellte es mir absolut hammermäßig vor, den langen Gang entlangzuschreiten und in meinem Wahnsinnsbrautkleid bewundert zu werden. Vier Kinder in hübschen Kleidchen würden vorangehen – darunter Vincent. Dann sollte ich mit meinem Patenonkel einziehen, danach Dorothy mit ihrer Freundin und schließlich meine Nichte Rebekka.

14 Uhr. Die Stunde war gekommen. Die Sonne strahlte direkt in die wundervollen großen bunten Fenster der Kirche. Sie war toll mit Blumen geschmückt. Meine Traumhochzeit konnte beginnen, und ich würde gleich meinen Traummann heiraten. Doris kutschierte mich also vor. Wir waren pünktlich. Die Gäste saßen schon in der Kirche, und unsere Blumenkinder warteten vor dem Eingang.

Nur Henning war nicht gekommen.

Wo steckte mein Bräutigam? Hatte er es sich im letzten Moment doch anders überlegt? *Nee, Henning doch nicht!*

Doris und ich drückten uns in eine Ecke, um zu vermeiden, dass Henning mich vor der Trauung im Brautkleid sah. Das sollte doch *der* Moment in der Kirche sein!

Ein Bekannter eilte zu Doris und mir. „Henning ist immer noch nicht da", sagte er und zuckte mit den Schultern.

„Ach, der kommt bestimmt gleich", winkte ich ab.

Aber mein Bräutigam kam und kam nicht. Immer wieder ordnete ich mein Kleid, prüfte, ob alles saß, und wurde nun doch langsam unruhig. Vielleicht hatte er einen Unfall gehabt?

„Was sollen wir jetzt machen?", fragte der Bekannte.

„Na, warten!", antwortete ich. *Henning wird mich nicht versetzen. Oder doch? Hat er Panik bekommen und bläst die ganze Sache ab? Oh, Herr, lass ihn bald kommen,* schickte ich ein stilles Stoßgebet in den Himmel.

„Ach, ist doch egal", versuchte Doris mich aufzumuntern. „Ihr seid doch schon standesamtlich verheiratet."

„Aber das ist nicht dasselbe", entgegnete ich. „Das zählt nicht für mich!"

„Hä, wieso?"

„Na, ich möchte den Segen Gottes!"

Die Minuten verstrichen, aber Henning tauchte nicht auf. Langsam wurden auch die Gäste unruhig. Immer wieder kam jemand vor die Tür gelaufen, um nach ihm Ausschau zu halten. Die Mädchen drehten sich in ihren Kleidchen, und ein Junge zupfte einer Blume die Blütenblätter aus. Ich schmunzelte. *Er liebt mich, er liebt mich nicht. Er liebt mich, er liebt mich nicht.* In diesem Augenblick kam Henning um die Ecke und spurtete in die Kirche. *Er liebt mich!* Das waren die längsten 20 Minuten meines Lebens gewesen. *Jetzt wird geheiratet.*

Henning war einfach zu spät losgefahren. Keine Zweifel. Kein Unfall. Einfach nur zu spät. Mehr nicht. Gott sei Dank, hatte er mich draußen in der Ecke nicht entdeckt. Für ihn wollte ich jetzt die schönste Frau auf Erden sein.

Als ich dann, umgeben von den Kindern mit ihren Blumenkörbchen, in die Kirche schritt, war ich richtig nervös. Vincent sah in seiner kurzen champagnerfarbenen Hose und dem schmucken Hemd einfach knuddelig aus. Auch er trug ein Körbchen mit Blumen und gab sich Mühe, sie sorgfältig und gerecht zu jeder Seite zu streuen.

Als Henning mich sah, ging ein Strahlen über sein Gesicht. Er hatte Tränen in den Augen, und sein Blick ließ keinen Zweifel daran, dass er mich wirklich wollte. Seine Tränen waren für mich der schönste Liebesbeweis. Vor dem Altar legte mein Patenonkel dann meine Hand in Hennings. Wie sehr hätte ich mir gewünscht, dass das mein Vater getan hätte. Henning drückte meine Hand sanft und flüsterte: „Du siehst wunderschön aus."

Der Pastor unserer eigenen Gemeinde traute uns. Dorothy hatte eine ganz besondere Aufgabe. Sie brachte uns die Ringe auf einem roten Kissen, das Doris genäht hatte. Die Kleine sah so zauberhaft aus in ihrem gestreiften, champagnerfarbenen Kleid. Auf ihrem wilden Lockenkopf trug sie einen Kranz aus weißem Schleierkraut.

„Möge Gott diese Ehe segnen. Möge er euch segnen", beendete der Pastor die Trauung. Und dann endlich küssten wir uns wieder. Die Monate der Vorsicht waren vorbei und Henning und ich nun verheiratet. Dann setzten die Kirchenglocken ein, und es kam mir vor, als ob sich der ganze Himmel mitfreute. Es war einfach herrlich. Ich fühlte mich wie neugeboren. Jungfräulich, unbeschreiblich schön und glücklich. Wir hatten aus Liebe geheiratet und keinen Zweifel daran, dass Gott uns schützen und segnen würde. Trotz zweier Ehen fühlte ich mich zum ersten Mal wie eine richtige Braut. Als wir Hand in Hand aus der Kirche schritten, sah ich meine Mutter an. Sie weinte. Das hatte ich nicht erwartet!

Nach dem Gottesdienst und dem anschließenden Kaffee und Kuchen fuhren wir mit den geladenen Gästen ins Bürgerhaus unseres Ortes. Verwandte, Freunde und Gemeindeglieder, sogar Eintopf, mein engster Kumpel aus der Rockerzeit, eine Freundin von den *Queens* und ein anderer Kumpel von früher waren gekommen. Alle drei waren schon ein paar Tage früher angereist und hatten uns – in Kutte natürlich – bei den Vorbereitungen geholfen. Das war echt klasse. Sie freuten sich richtig für mich.

Und nun feierten wir zusammen, 40 Leute, mit fabelhaftem Essen: drei Sorten Braten, Gemüse und Kroketten und als Nachtisch Pfannkuchen mit Eis. Ein wenig Bammel hatte ich schon, wie all das Christliche und das Beten vor dem Essen von meiner Familie und den Kumpels aufgenommen werden würde. Oder wenn jemand aus unserer Gemeinde wie selbstverständlich mit seinem nichtchristlichen Tischnachbarn plötzlich von Jesus sprach. Oder dass es keine harten Getränke wie Apfelkorn gab. *Was denken die wohl über mich? Die Hau-drauf-Helma trällert jetzt fröhlich christliche Lieder mit und wünscht „Gottes Segen“*. Doch genau das wollte ich ihnen zeigen: dass ich nun eine ganz andere Helma bin.

Wie sich herausstellte, wäre der innere Stress gar nicht nötig gewesen. Denn komischerweise war all das überhaupt kein Problem.

„Mensch, Helma, du hast dich wirklich verändert“, sagte Eintopf zu mir.

„Tja, und alles ist echt“, antwortete ich.

Spätestens zu meiner Hochzeit war auch für ihn klar, dass mein Glaube kein vorübergehender *Spleen* war, wie er anfangs gedacht hatte. Und ich spürte, dass Eintopf und meine Kumpels damit ihren Frieden gemacht hatten.

Am Abend wurde getanzt. Henning und ich hatten zuvor einen Tanzkurs belegt, und nun war öffentliche Premiere. Er gab sich echt

Mühe, aber tanzen war nicht so sein Ding. Nach dem holprigen Hochzeitswalzer feierten wir mit unseren Gästen bis in die Morgenstunden. Erst als die Vögel den neuen Tag herbeizwitscherten, fuhren wir nach Hause – als Henning und Helma Bielfeldt.

Nun hatten wir keine Sorge mehr, etwas Falsches zu tun, wenn wir morgens eng umschlungen aufwachten. Ich wusste, Gott ist bei uns und wir lebten nun nach seinem Willen. *Alles ist richtig!*

Kapitel 38
Turn or Burn

Auch wenn mein altes Leben nun hinter mir lag, hatte ich nie meine Leidenschaft fürs Motorradfahren aufgegeben. Ich trug noch immer meine *Queens*-Kutte, wenn ich mit dem Motorrad unterwegs war, doch jetzt prangte darauf noch ein weiteres Patch: ein Fisch, das Zeichen der Christen. Auch Henning hatte ein Motorrad. Sooft es ging, fuhren wir zusammen raus. Auch auf Rockertreffen. Zwar feierte ich nicht mehr mit wie in alten Zeiten, doch ich kannte diese Welt nur allzu gut. Ich verstand die Denke der Rocker, das ständige Kräftemessen und Berauschtsein. Doch nun regte sich in mir etwas anderes, wenn ich altbekannte Gewohnheiten beobachtete oder mit Rockern sprach: Mitgefühl.

Es war dasselbe Gefühl, das mich gedrängt hatte, kurz vor seinem Tod mit meinem Vater zu sprechen. Unerklärlicherweise war ich nicht angewidert, wenn sich eine betrunkene Bikerfrau abseits die Galle aus dem Leib kotzte. So hatte ich auch gelebt. Und ich wusste, was sich abends in den kleinen Zelten abspielte. Doch ich erinnerte mich, wie sehr diese Art zu leben an meiner Seele genagt hatte. Ich hatte niemanden gehabt, dem ich mich anvertrauen konnte. Auf seltsame Weise fühlte ich mich nach wie vor an diese Szene gebunden.

Im Sommer 2000 erfuhren wir durch die *Bikers News*, das Szenemagazin für Motorradfahrer, von einem christlichen Motorradtreffen in der Nähe von Ulm. Henning und ich beschlossen, dorthin zu fahren. Wir waren zwar nicht auf dem Laufenden, welche Clubs es in unserer Nähe gab, doch wir hatten Lust auf einen Tapetenwechsel. Henning arbeitete sehr viel, und auch meine Tage waren ausgefüllt mit Haushalt und den Kindern. Vor einiger Zeit hatten wir in den *Bikers News* einen Bericht über den christlichen *Holy Riders MC* gelesen. „Der Präsi", so stand da, „betet auch, bevor er in eine Bratwurst beißt."

Christen in der Motorradszene? Das war für Henning und mich neu, aber es traf genau unseren Geschmack. Motorradfahren und Christsein passt zusammen. Warum auch nicht? Dieser christliche Club lud zu seiner jährlichen Rally ein. *TURN OR BURN* – Kehr um oder verbrenne – war das Motto der Party. Ich rief also bei der Kontaktnummer der *Holy Riders* an. Ein wenig mehr wollte ich schon über diesen MC wissen.

„Hi, ich bin Helma und habe von eurer Rally gelesen. Wir fahren auch Motorrad und würden gern kommen. Geht das?"

„Klar", sagte der Präsi kurz angebunden, „wir freuen uns", und legte auf.

Hallo??? „Komischer Laden", sagte ich verblüfft. „Na, wir werden sehen."

Obwohl wir also nicht genau wussten, was uns erwartete, packten wir unsere Taschen und das Zelt auf die Motorräder und fuhren los. Es war ein sonniger Freitag. Eigentlich war es schon viel zu spät, noch die 200 Kilometer zu fahren.

TURN OR BURN. Ziemlich radikales Motto, ging es mir durch den Kopf, als wir über die Autobahn brausten. Ich trug meine *Queens*-Kutte. Dorothy, inzwischen neun Jahre alt, saß gut festgeschnallt hinter mir. Vincent war bei Freunden. Die Fahrt zog sich. Wir kamen in viele Staus. Ein Motorradfahrer hatte einen schweren Unfall, und wir sahen noch aus den Augenwinkeln, wie sein lebloser Körper von einem Polizisten mit einer Plane abgedeckt wurde. Er hatte es nicht geschafft. Ich hoffte, dass er sich für Jesus hatte entscheiden können, bevor er starb. Und ich dachte an seine Angehörigen. Als wir an der Unfallstelle vorbei waren, betete ich für seine Familie. Ingrid kam mir in den Sinn und welche Schmerzen und Trauer ihr Tod ausgelöst hatte. Seit ich Christin bin, hatte ich keine Visionen mehr gehabt. Niemals wieder war mir Ingrid erschienen.

Es dämmerte schon, als wir von der Autobahn abfuhren. Durch meine verschwitzten Klamotten drang die Kälte des Abends. Die Hinweisschilder zur Party endeten in einem kleinen Dorf. Wir fuhren an den Straßenrand und stellten die Maschinen aus. Dann lauschten wir, ob von irgendwoher Musik dröhnte. Nichts! Nur ein Traktor knatterte in der Ferne.

„Hä, sind wir irgendwo falsch abgebogen, Henning?"

„Findet das auch heute Abend statt?", fragte er zurück.

Wir wurden etwas nervös und waren erschöpft von der langen Fahrt mit den Stop-and-Gos. Auch Dorothy quengelte müde: „Mama, sind wir endlich da?"

„Schatz, ich fahr ein Stück zurück zum letzten Schild, und du wartest hier mit Doro", schlug Henning vor.

Ich ging derweilen mit Dorothy in die Dorfschenke. Als wir eintraten, wurde es augenblicklich still. Alle Blicke waren auf mich gerichtet. Ich grinste. Muss komisch ausgesehen haben, Motorradbraut in Lederkutte mit Kind an der Hand. Ich erkundigte mich nach der Party. „Nee, keine Ahnung", bekam ich zur Antwort. Wir warteten schließlich draußen auf Henning, und ich schickte ein Stoßgebet zum Himmel.

Plötzlich hupte ein Auto neben mir. „Wollt ihr zu dem Motorradtreffen?", fragte der Fahrer. Er kannte tatsächlich den Weg. In diesem Moment kam auch Henning zurück. Nicht einmal einen Kilometer fuhren wir hinter dem Auto her, dann sahen wir schon die Zelte auf der Wiese. Ich war aufgeregt. Was würde uns erwarten?

Es war dunkel geworden. Wir parkten die Maschinen und sahen uns um. Ein großes Lagerfeuer brannte. Kleine Grüppchen standen plaudernd zusammen und starrten in die Flammen. Ganz normale

Leute, Frauen, Männer in Motorradjacken, Jeans. Andere trugen Kutten mit Colours verschiedener MCs. *Holy Riders*, *Tribes of Judah*, *Jesus-Wings* oder *Biker under Gods Command.* Im großen Festzelt waren Biertische aufgebaut, und auf der Bühne standen eine Musikanlage und Boxen. *Eigentlich wie auf unseren Treffen*, dachte ich.

Ich nahm meinen Helm ab, und erst jetzt hörte ich die Musik. Sie war ungewöhnlich leise. Aber es war Rockmusik. Ich wurde sentimental. *Meine Musik, die ich so vermisse aus meiner alten Zeit.* Im gleichen Augenblick bat ich Jesus um Vergebung, dass ich mich danach sehnte. Doch halt, was war das? Ich drehte mich in Richtung der Lautsprecher.

„Das ist ja der Hammer. Was ist das denn hier?", rief ich Henning zu.

Ich hörte genauer hin. Tatsächlich, es war Rockmusik. Doch der Song handelte von Jesus. *Krass!* Ich kannte bis dato nur die normalen Kirchenlieder und einige etwas temperamentvollere Anbetungssongs. „Halleluja, Henning", jubelte ich und strahlte ihn an. Dann wurde ich aus meinen Gedanken gerissen.

„Hey, ihr seid gerade erst gekommen, oder?", fragte eine Bikerin neben mir. Ihre Stimme klang schrill. „Und ihr seid noch nüchtern, richtig?"

Mit gerunzelter Stirn sah ich Henning an. „Und?"

„Fahrt schnell zur nächsten Tankstelle und holt mal Bier. Hier gibt es gar keinen Fusel." Die Frau hatte offenbar etwas ganz anderes auf dieser Party erwartet. Doch Alkohol, das wusste ich schon, war auf der *TURN OR BURN* tabu. Statt Bier und Schnaps gab es Limo und Cola. Ich jubelte innerlich ein zweites Mal. „Wir haben es geschafft", rief ich Henning zu. „Wir sind bei den *Holy Riders*."

Wir blieben das ganze Wochenende auf dem Treffen. Und wir lernten Motorradfahrer kennen, die ein ebenso krasses Leben hinter sich hatten wie ich. Drogen, Alkohol, Rockerszene: das ganze Programm. Auch sie hatten irgendwann am Abgrund ihres Lebens gestanden. Wollten Schluss machen mit alledem oder sich sogar umbringen. Dann kam Jesus in ihr Leben und packte sie auf unerklärliche Weise. Er zeigte ihnen den Weg aus dem Chaos und der Dunkelheit.

Jetzt fuhren sie zwar weiter Motorrad, doch ohne das Bike zu ihrem Lebensinhalt zu machen.

Zur *TURN OR BURN RALLY* kamen aber auch Biker, die nichts mit Jesus am Hut hatten. Jeder war willkommen. Und es wimmelte von Kindern, wie auf einem Familientreffen. Warum auch nicht? Ein MC war ja auch wie eine Familie. Am Nachmittag gab es Motorradspiele, Hindernisparcours und – auch hier war man davor nicht sicher – Schweineaugen-Weitspucken! Doch ich konnte mich zurückhalten …

Zu unserer Überraschung hielt der Präsi am Abend im großen Zelt eine Predigt. Er sprach davon, dass wir unsere Augen nicht verschließen sollten vor der Wirklichkeit. „Ohne Jesus gibt es keine Freiheit, und du bist dem Satan ausgeliefert. Gott kannst du nichts vormachen. Er kennt deine Masken und seelischen Abgründe und deine Not. Aber die gute Nachricht für dich heute Abend ist: Er liebt dich trotzdem, und er wartet darauf, dass du dich von der Gewalt Satans zu Gott wendest."

Puh, knallharte Worte! Aber genau so war es bei mir, ging es mir durch den Kopf. *Der Präsi nimmt echt kein Blatt vor den Mund*, staunte ich.

Am nächsten Morgen wurden neue Mitglieder in den Club aufgenommen. Statt der Kuttentaufe, die ich kannte, knieten die neuen Member nieder, und der Präsi betete für sie. *Wahnsinn!* Hennig und ich fühlten uns richtig wohl. Die *Holy Riders* entsprachen genau unserem Geschmack.

Noch ahnte ich nicht, welche Rolle der MC in unserem Leben noch spielen sollte.

Kapitel 39

Auf Tour für Jesus

Die *TURN OR BURN RALLY* der *Holy Riders* hatte mir klar vor Augen geführt: Ich konnte nicht länger mit dem Patch der *Queens* rumlaufen. Auch damit wollte ich abschließen. Ein paar Wochen später schrieb ich den *Queens of the Road* einen Brief und legte eine *Biker-Bibel* dazu. Ich erklärte dem Club, dass ich nun, da ich Christin war, die *Queens* nicht mehr als Präsi führen wolle. Auch schrieb ich, wie ich Jesus kennengelernt hatte und dass sie mich anrufen sollten, wenn sie Fragen hätten. Und ich wünschte den *Queens* alles Gute.

Auf den Brief erhielt ich nie eine Reaktion. Aber ich hatte einen sauberen Schnitt gemacht.

Henning und ich stiegen bei den *Holy Riders* ein. Der Club entsprach ganz unseren Vorstellungen. Motorradfahren und Jesus verkünden. Die *Holy Riders* sind ein anerkannter MC, keine Kirche oder Ähnliches. Die Member lieben Jesus Christus und Bikes. Für einen *Holy Rider* hat die Bibel absolute Autorität. Sie ist wie ein Navi und gibt die Richtung vor.

Der MC fährt auf Motorradtreffen und sucht Kontakt zu anderen Bikern. Selbst von den großen Clubs in Deutschland und in anderen Ländern werden die *Holy Riders* respektiert. Klar beäugt man die Christen-Biker erst mal argwöhnisch. Doch die *Holy Riders* stellen weder Gebietsansprüche, noch mischen sie Treffen auf. Der Club ist absolut neutral. Wer etwas über den christlichen Glauben wissen will, dem stehen die Member gern Rede und Antwort. Der MC veranstaltet Gottesdienste auf Bikertreffen und lädt zur eigenen *TURN OR BURN RALLY* ein. Andere MCs bitten die *Holy Riders* auch zu Trauergottesdiensten für verstorbene oder verunglückte Rocker. Ungewöhnlich für die Bikerszene sind die Regeln für Member: In Kutte sind Tabak, Alkohol und was mit der Bibel unvereinbar ist, tabu. Manch einem ist der Kodex zu hart, und er bleibt lieber Supporter und unterstützt den MC.

Für mich und Henning war das genau das Richtige. Ich wollte klare Regeln und Grenzen. Gerade als Christ. Ich sagte mir immer: *Nur ein bisschen von der Sünde, und Jesus ist nicht mehr mein Mittelpunkt.*

Nach der Anwartschaft bekamen wir beide das Colour: ein weißes Kreuz mit weißem Banner und der Aufschrift *Holy Riders MC Germany* auf schwarzem Grund. Das Colour zeigte nicht nur, was die Member verbindet und zu welchem Club ich gehörte: Es verpflichtete auch. Mit der Kutte war ich nun im Einsatz für Jesus. Ich fühlte mich großartig. Statt Prügel verteilte ich nun die *Biker-Bibel.* Sie enthält das Neue Testament und die Psalmen aus dem Alten Testament. Zwischen den Kapiteln erzählen Rocker ihre Lebensgeschichte und wie Jesus ihr Leben verändert hat. Wo immer sich eine Gelegenheit bot, verschenkte ich die *Biker-Bibel.* Sogar im Urlaub.

Mit meiner Freundin Anne, die zur Leitung der *Holy Riders* gehört, flog ich in einem Sommer nach Mallorca. Im Gepäck: *Biker-Bibeln.* Wir wollten ein wenig ausspannen und natürlich an Motorradfahrer auf der Insel Bibeln weitergeben. Nur trafen wir dort kaum jemanden. Also musste Plan B zum Zug kommen, denn die Bibeln sollten nicht wieder mit nach Hause geschleppt werden. Also standen wir bei Bullenhitze in Kutte, schwarzen *Holy Riders*-Shirts und festen Schuhen am Strand und gaben Urlaubern in Bikini und Badehose die Bibel weiter. Wir müssen ein komisches Bild abgegeben haben. Wie Aliens aus einer anderen Welt.

Ein Jahr später gründete sich in unserer Nähe das Rhein-Pfalz-Chapter der *Holy Riders.* Wir treffen uns einmal im Monat und veranstalten Bikergottesdienste. Als aktives Member fahre ich auch mit auf Motorradtreffen oder Motorradmessen in ganz Deutschland und betreue den *Holy Riders*-Stand. Der unterscheidet sich von allen anderen MC-Ständen und denen von Händlern vor allem durch unser großes schwarzes Kreuz und die Auslagen. Denn auf unseren Tischen stapeln wir neben den Infos über die *Holy Riders* auch Biker-Bibeln. Wer will, kann sie kostenlos mitnehmen.

Am meisten mag ich aber die Gespräche am Stand mit Messebesuchern, meistens natürlich mit Motorradfahrern. Es kommen die unterschiedlichsten Leute zu uns. Nur mal so zum Gucken, dann solche, die über Gott so richtig Dampf ablassen wollen, und solche, die irgendwie auf der Suche nach Gott sind, nur nicht so richtig wissen, wer dieser Gott eigentlich ist. Bei den meisten Gesprächen erzähle ich meine eigene Lebensgeschichte und wie ich zum Glauben gefunden habe. Es kommt auch vor, dass ich am Ende mit jemandem zusammenstehe und für ihn bete. Denn da ich die Szene sehr gut kenne, weiß ich auch, mit welchen Problemen die Rocker kämpfen, und versuche wenigstens etwas zu helfen. Auch außerhalb von *Holy Riders Events.*

Eines Morgens rief mich ein *Holy Rider* daheim an. Ein Member eines mächtigen MCs hatte sich über die Kontaktadresse in der Biker-Bibel gemeldet. Er stecke in Schwierigkeiten.

„Helma, du kennst dich doch aus. Kannst du nicht mal mit ihm sprechen?“, wurde ich gefragt.

Ich erfuhr, dass der Rocker in einen brutalen Bandenkrieg verwickelt war, bei dem jemand getötet worden war. Nun plagten ihn Gewissensbisse. Also rief ich den Mann an und verabredete mich mit ihm.

Atze sah nicht gut aus. Seine Haut war grau, und er schien förmlich in sich zusammenzufallen. Nicht so, wie man sich einen Rocker vorstellte. Er stand unter Drogen, die Zunge war ihm schwer, und unser Gespräch schleppte sich dahin. Dann erzählte er, warum er sich ausgerechnet bei uns gemeldet hatte: „So ein Christen-Pärchen hat mir vor einiger Zeit vor einem Clubhaus eine Biker-Bibel geschenkt“, sagte er.

„Ach, echt? Und haste darin gelesen?“, wollte ich wissen.

„Klar habe ich darin geblättert. Aber ganz ehrlich: Mit Gott und so will ich nix zu tun haben. Ich bin dann wieder raus und wollte den Typen eins in die Fresse hauen. Aber die waren schon weg.“

Ich wusste, dass manche Leute ziemlich aggressiv auf die Bibel reagieren. Atze kam nun doch ins Plaudern. Es tat ihm gut, mit mir zu reden, das merkte ich. Nach der Sache mit dem Bandenkrieg war er völlig fertig nach Hause gekommen, erzählte er. Und da lag die Bibel auf seinem Kopfkissen.

„Zwei Wochen lang habe ich die nicht angerührt. Aber dann, als ich total am Ende war, nahm ich sie und begann zu lesen." Und so fand er die Kontaktadresse der *Holy Riders* und rief an. „Jedenfalls, Helma", fuhr er fort, „ich will aussteigen aus dem ganzen Mist!"

Mir stockte der Atem. Aussteigen! Ich wusste: Aus solch einem mächtigen Club steigt man nicht eben mal so aus. *Tschüss Leute, war nett mit euch, macht's gut.* Das funktionierte nicht wie in einem Kegelverein oder kleineren MCs. Und auch die Drogen hatten Atze völlig vereinnahmt. Er war nicht mehr Herr seiner Sinne. Er brauchte Hilfe.

„Helma, ich seh irgendwelche Viecher an der Zimmerdecke und andere gruselige Sachen. Die machen mir echt Angst", bekannte Atze leise und zog an seiner Zigarette.

„Das kommt von den Drogen", sagte ich und schaute ihn mitfühlend an. „Willst du dir nicht Hilfe suchen bei einem Therapeuten oder so?", fragte ich.

„Sollte ich vielleicht machen", antwortete er und schnippte den Rest der Kippe weg. „Ihr betet doch auch für Leute wie mich?", fragte er und sah mich dabei nicht an.

Nichts lieber als das, dachte ich. „Klar, kann ich für dich beten!"

Ich schloss die Augen und legte eine Hand auf seine Schulter. Dann betete ich laut für ihn. Mitten auf dem Marktplatz bat ich Gott um Hilfe. Ich wusste nicht, was geschehen würde, aber wir verabredeten uns wieder für den Abend. Leider sagte Atze kurzfristig ab, und ich verlor zunächst den Kontakt zu ihm. Ein paar Wochen später meldete er sich wieder bei mir und wollte Hilfe. Er bettelte mich nahezu an.

„Ich kann gar nicht helfen. Das kann nur Jesus Christus", sagte ich, denn ich wollte ehrlich bleiben. Wir telefonierten lange, doch danach hörte ich nie wieder von ihm. Ob er sich Unterstützung gesucht hat, habe ich nie erfahren. Aber ich hoffte, ihm allein durch das Gespräch beigestanden zu haben. Begegnungen wie diese bewegten mich jedes Mal. Denn ich hatte echtes Mitgefühl mit Rockern.

Eine andere Begegnung hatte ich Wochen später. Es war an einem Wintertag und arschkalt. Wir waren als *Holy Riders MC* eingeladen auf die Party eines Motorradclubs. Ich ging aus dem Clubhaus nach draußen, um etwas frische Luft zu schnappen. Ein Biker stand an der

Feuertonne und rieb sich die Hände. Ich gesellte mich zu ihm und wärmte mich ebenfalls auf. Unvermittelt fing er an zu reden.

„Wow, *Holy Riders*. Das mit Jesus ist ja schon so eine Geschichte. Also, meine Oma hat mir früher auch viel von dem erzählt."

„Ach ja, kenne ich von irgendwo her", schmunzelte ich. So beginnen viele Gespräche mit Rockern. „Meine Oma hat auch für mich gebetet."

„Ja, ja. Aber was mache ich hiermit?", fragte er und zeigte auf seine Schulter. „Da habe ich drei Sechsen tätowiert. Das Satanszeichen."

„Aber das ist ja nur deine Haut", antwortete ich. „Doch drinnen im Herzen sieht es bei dir ganz anders aus, oder?"

Der Satz hatte offenbar einen wunden Punkt getroffen. Er begann zu erzählen. Von den Schlägen, die er von den Eltern bezogen hatte, und von seinem verkorksten Leben. Dann fing er an zu weinen. Ich wollte ihn trösten und wenigstens für ihn beten. Aber ich kam nicht dazu. Denn ein Clubbruder klopfte ihm auf die Schulter. „So, wir gehen jetzt mal besser rein."

Ohne ein weiteres Wort gingen die beiden weg. Der Clubbruder wollte nicht, dass ich mit dem verzweifelten Mann weiter über Gott sprach. *Licht und Finsternis passen nicht zusammen*, ging es mir durch den Kopf.

Die *Holy Riders* respektieren die anderen MCs und mischen sich nicht in deren Angelegenheiten. Doch manchmal sind auch sie hin- und hergerissen zwischen Toleranz und Eingreifen. Ein Balanceakt, den ich auf einem großen Motorradevent aus nächster Nähe zu spüren bekam. Wir waren als *Holy Riders* dazu eingeladen worden und hatten einen eigenen Stand, um uns den anderen Clubs vorzustellen. Wie wir da so standen, kam ein Mann an unsere Tische. Er sprach uns vorsichtig an.

„Hört mal, dahinten sitzt eine Frau", flüsterte er fast. „Helft der mal und bringt die von hier weg."

Also zog ich mit ein paar anderen *Holys* los. Als ich die junge Frau sah, konnte ich mir schon denken, was passiert war. Sie kauerte sich in eine Ecke. Ihre angewinkelten Beine hielt sie fest zusammengedrückt und zitterte am ganzen Leib. Ich kniete mich vor sie hin und legte ihr den Arm um die Schulter.

„Hey, was ist denn passiert?“, fragte ich, obwohl ich die Antwort schon kannte.

„So ein Typ von hier hat mich vergewaltigt“, sagte sie schluchzend. Ihre Wimperntusche war in schwarzen Streifen über ihre Wangen verschmiert.

„Weißt du, wer das war?“

„Ich habe nur das Colour des Clubs gesehen“, schniefte sie. „Aber den Typen selbst kenne ich nicht. Weiß nicht, wie der heißt.“

Ich drückte mich mit der Hand vom Boden ab und stand auf. Mit gerunzelter Stirn sah ich die anderen *Holys* an. Wir wussten, die Lage war kompliziert, denn gerade der Club des Vergewaltigers hatte uns zum Event eingeladen. Da geht man nicht einfach mal so hin, sucht den Schuldigen und führt damit den ganzen Club vor. No-Go!

Wir überlegten, was wir machen sollten. Auch auf die Gefahr hin, dass man uns rausschmiss oder im schlimmsten Fall zu drastischeren Maßnahmen griff, entschlossen wir uns, die Polizei zu rufen.

„Aber wir müssen vorher mit dem Präsi sprechen“, sagte ich. Im selben Augenblick sahen wir aus den Augenwinkeln, dass einige Rocker ausgerechnet von diesem Club auf uns zukamen. „Oh, oh“, murmelte ich.

Wir waren angespannt. Wir wussten, MCs mögen keine Einmischung von außen. Doch nun wagten wir es doch. Hier ging es schließlich um ein Verbrechen und um diese junge Frau. Die fühlte sich ohnehin wie Dreck behandelt. Wir sagten dem führenden Mitglied des betreffenden MCs, dass wir wegen der Frau die Polizei rufen wollen. Der Rocker stieß die Luft aus und blickte auf die junge Frau hinunter. Es war auch für ihn keine leichte Entscheidung. 2000 Leute waren auf dem Event. Kaum einer wollte gern von der Polizei gesehen werden.

„Okay, ruft die Bullen, dass sie sie abholen. Aber lasst sie Undercover kommen!“, genehmigte er uns. „Wir wollen kein Aufsehen.“ Zu der Frau sagte er: „Zeig uns den Typen. Stammt er aus unseren Reihen, dann klären wir das auf unsere Art.“

Ich war erleichtert und dankte Gott innerlich. Mir tat die Frau unendlich leid. Sie saß da wie ein Häufchen Elend und hatte so etwas

Schreckliches erlebt. Ich wusste, dass so etwas häufiger vorkam und viele Frauen sich nicht trauten, den Mann anzuzeigen.

Die Polizisten kamen tatsächlich in Zivil und nahmen die Frau mit. „Jetzt können wir unseren Grabstein bestellen", schoss es mir durch den Kopf, als die Beamten wieder weg waren. Immerhin hatten wir uns eingemischt und die Polizei geholt. Doch nichts geschah. Wir wurden in Ruhe gelassen.

Wie der Club mit dem Vergewaltiger die Sache geklärt hat, erfuhren wir nie.

Kapitel 40

„Vergibst du mir?"

Es dauerte Jahre, bis ich mich stark genug fühlte, nun als *Holy Rider* auch die alten Clubs in Schleswig-Holstein wiederzutreffen. Nach fast einem Jahrzehnt als Christin stellte ich mich nun der Herausforderung und fuhr zu einem Motorradtreffen in die alte Heimat. Das war im Sommer 2007. Ich ahnte, wem ich dort auch begegnen würde, und ein wenig graute mir vor diesem Moment. Aber mir war klar, dass ich etwas ganz Wichtiges tun musste. Für mich!

Ein größerer Club hatte zur Party eingeladen, und ich hatte mich bei Doris einquartiert. Als ich am Abend mit ein paar *Biker-Bibeln* ins Auto stieg, um zum Treffen zu fahren, machte ich mir vor Nervosität fast in die Hose. Einst war ich jemand in der Szene gewesen. Berüchtigt für meine lose Klappe und meine harten Schläge und respektiert als Präsi der *Queens of the Road*. Ich hatte Macht und Ansehen. Nun kam ich als *Holy Rider*. Wie würde meine radikale Kehrtwende bei den anderen ankommen?

Das Treffen war nur 20 Kilometer vom Haus meiner Schwester

entfernt. Immer wieder hielt ich am Straßenrand an. Kutte an, Kutte aus. *Soll ich als Holy Rider kommen oder besser nur als Helma?*, überlegte ich hin und her. Die Fahrt wurde zur Belastungsprobe. Dann rief Henning an.

„Wie, du gehst dorthin?“ Er war nicht begeistert und hatte Angst um mich. Von meinen Plänen hatte ich ihm nichts erzählt.

„Ja, Henning“, sagte ich kleinlaut, „und mir zittern die Knie. Aber ich muss mich meiner Vergangenheit stellen.“

Ich war stolz auf mein neues Leben. Stolz auf Jesus, dass er aus mir einen neuen Menschen gemacht hatte. Genau das wollte ich den anderen nun zeigen. Und doch hatte ich Angst vor der Begegnung. Besonders vor einer: Sören. Er würde mit Sicherheit dort sein. Der Mann, dem ich über lange Zeit sexuell hörig gewesen war. Der Mann, bei dem ich meine abartigen Fantasien hatte ausleben können. Bei dem Gedanken schüttelte ich den Kopf.

„Nein, Jesus, du hast mir gezeigt, dass ich wertvoll bin. Du liebst mich bedingungslos“, betete ich. Entschlossen fuhr ich weiter. Und hielt nicht wieder an.

Als ich ankam, mussten wohl schon einige Hundert Rocker da sein. Es war bereits dunkel und die Party in vollem Gang. Harte Rockmusik wummerte aus den Boxen. Der Geruch von Abgasen und verbranntem Holz lag in der Luft. Als ich das Auto geparkt hatte, ließ ich meinen Blick über den Acker schweifen. Nichts hatte sich geändert. Genau hier hatten Sören und ich unsere Affäre begonnen.

Auf einer Anhöhe sah ich ein Pärchen stehen. Mein Herz schlug höher. Ich erkannte Sören sofort. „Na, dann mal los“, machte ich mir Mut. *Mit Jesus kann mir nichts passieren.* Ich stapfte los und stieg den Hügel hoch. Als ich oben ankam, stellte ich mich hinter Sören.

„Hi“, sagte ich cool und hoffte, dass er das leichte Zittern in meiner Stimme nicht bemerkte.

Sören drehte sich um und war für einen Moment wie erstarrt. Doch er hatte sich schnell wieder im Griff. „Hey, wo warst du denn, Helma?“, fragte er, als wäre ich nur kurz um die Ecke gegangen. „Ich dachte, du wärst gestorben.“

„Nee“, feixte ich. „Unkraut vergeht nicht, weißt du doch.“

Sören musterte mich von oben bis unten.

„*Holy Riders*, krass, die kenne ich auch."

Ich hatte mich richtig entschieden mit der Kutte. Die Frau neben Sören wurde unruhig und zickte herum. „Wer ist die denn? Die soll mal abhauen."

Doch ich gab frech zurück: „Nee, du. Ich hau hier nicht ab. Ich habe hier noch einen Auftrag zu erledigen."

Auf unerklärliche Weise strotzte ich vor Selbstbewusstsein. Vielleicht wollte ich Sören auch etwas beweisen. Der grinste und wies die Frau mit dem Kopf an, sich zu verpissen. Sie zuckte mit den Schultern und trottete davon. Ich blies erleichtert die Luft aus. Dann plauderten wir einige Minuten zwanglos. Sören erzählte mir, dass seine Mutter gestorben war. Dann endlich rückte ich damit raus, warum ich eigentlich gekommen war.

„Sören, kannst du mal mit zum Auto kommen. Ich habe ein Buch für dich."

Sören zog fragend die Stirn in Falten. Er verstand nicht.

Ich druckste ein wenig herum. „Na ja, eigentlich wollte ich dich fragen, ob du mir vergibst, was ich dir angetan habe."

Es war raus. Ich blickte Sören direkt ins Gesicht und war erleichtert. Verdattert sah er mich an, dann sagte er: „War 'ne harte Nummer, einfach so abzuhauen, aber klar, ich vergebe dir."

Wir brauchten nie viele Worte, um zu verstehen, was der andere wollte. Mehr war auch diesmal nicht zu sagen. Wir gingen schweigend zu meinem Auto. Ich öffnete den Kofferraum, nahm eine *Biker-Bibel* aus dem Karton und gab sie ihm.

Sören kam aus dem Staunen nicht wieder heraus. „Helma verteilt Bibeln? Das gibt es nicht. Das gibt es nicht!"

Doch er schien zu begreifen, dass vor ihm eine völlig andere Person stand. Mir war es ernst mit dem, was ich tat. Eigentlich schon immer. Konsequent konnte ich sein, das hatte er selbst erfahren. Nun war alles zwischen uns geklärt. Ich fühlte mich wie von einer schweren Last befreit. Und meiner Meinung nach hatte Gott genau diese Begegnung vorbereitet.

Sören zeigte mir noch sein neues Motorrad, bis mehrere Leute seines Clubs hinzukamen. Als sie uns so miteinander sahen, tuschelten sie wie die Weiber.

„Komm“, sagte Sören, „Lass uns rübergehen.“ Im Festzelt standen wir noch kurz zusammen, dann wurde er von irgendwelchen Typen abgeholt. Ich sah ihn nie wieder.

Ich blieb noch auf dem Treffen und arbeitete mich bis zum Tresen vor. Dort wurde ich gleich von meinen alten Kumpels erkannt. Mit johlendem *Hallo* begrüßten sie mich. Als sie meine Kutte sahen, hieß es gleich: „Oh, *Holy Riders*, die kennen wir auch.“

Merkwürdig, dachte ich. *Früher habe ich nie einen Christen unter den Bikern getroffen.* Jetzt schien alle Welt die *Holy Riders* zu kennen.

Die Kumpels fanden es total cool, dass ich dort mitmachte. Inzwischen blieb ich bei Motorradtreffen nur noch bis acht, maximal zehn Uhr abends. Ich ging, wenn das große Besäufnis anfing. Doch an diesem Abend blieb ich bis vier Uhr morgens. Es war wie auf einem Klassentreffen. Die alten Kumpels kamen mir vor wie Oldtimer. Die Zeit war auch an ihnen nicht spurlos vorübergegangen. Viele hatten graue Haare. Und auch die Gespräche drehten sich nicht mehr allein um Motorräder. Jetzt plauderten sie über ihre Kinder und sogar Enkelkinder. Und ich natürlich über Dorothy, Vincent und Henning.

Ich war glücklich an diesem Abend. Ich hätte auch angegriffen werden oder zurückfallen können in die alte Welt, in alte Gewohnheiten. Doch die Kumpels fanden meine Veränderung gut. Ich hatte mein altes Leben zwar abgerissen, aber ich wurde noch immer respektiert, ohne mir mit der Faust Anerkennung verschaffen zu müssen. Konnte ich mit Gott noch mehr erleben?

Kapitel 41

„Kazenserlein, ich bete für dich“

Ich kannte Frau Kazenser schon viele Jahre. Inzwischen waren die fast 70-Jährige und ich Freundinnen geworden. Besonders an Silvester besuchte ich sie immer. Das war ihr Geburtstag. Ich kam morgens, brachte Geschenke, und dann tranken wir zusammen Kaffee. Frau Kazenser liebte Kaffee über alles. Die alte Frau war ziemlich rüstig und fuhr noch immer Taxi.

Da Henning und ich keine eigenen Kinder bekommen konnten, nahmen wir immer wieder Pflegekinder auf. Sarah kam als Baby in die Familie. Sie lebt auch heute noch bei uns und ist für Henning und mich wie eine eigene Tochter. Auch Frau Kazenser mochte Sarah gern. Jeden Morgen brachte sie Sarah mit ihrem Taxi in die Förderschule. So hatten wir uns auch kennengelernt.

„Du bist etwas ganz Besonderes“, lachte Frau Kazenser jedes Mal, wenn ich ihr eine Kleinigkeit schenkte. Meist war es ein Büchlein über Gott oder eine Karte mit einem christlichen Spruch. Auch Henning mochte die alte Frau gern. Den fand sie äußerst attraktiv. Am liebsten hätte sie ihn auf der Stelle geheiratet. Das sagte sie immer mit einem Augenzwickern. Aber von Jesus wollte sie nichts hören, was mich sehr traurig machte. Es fiel mir immer schwer, mich zurückzuhalten. Oftmals sprudelte es nur so aus mir heraus, und ich musste einfach von Gott erzählen. Frau Kazenser verdrehte dann die Augen.

Im Sommer 2011 saßen Sarah und ein anderer Junge hinten im Taxi. Sarah wollte ihm unbedingt das *Vaterunser* beibringen. Und weil der so gar nicht interessiert war, wiederholte sie es gebetsmühlenartig. „Vater unser, der du bist im Himmel, geheiligt sei dein Name …“

Frau Kazenser wurde es langsam zu bunt. Sie sah in den Rückspiegel und schimpfte: „Ruhe dahinten. Ich will von dem Quatsch auch nichts wissen.“ So war sie. Direkt raus damit, was ihr auf der Zunge lag. Vielleicht mochte ich sie deshalb so gern. Was mir durch den

Kopf ging, lag mir leider auch oft locker auf der Zunge, und ich polterte drauflos – nicht selten in tiefe Fettnäpfchen.

Eines Tages hatte Frau Kazenser einen Autounfall. Gerade hatte sie Sarah und andere Kinder nach Hause gefahren, als ein Auto ihr die Vorfahrt nahm und in ihr Taxi rauschte. Als ich von dem Unfall hörte, wurden mir die Knie weich. Was, wenn Sarah oder ein anderes Kind noch im Wagen gesessen hätten? Nicht auszudenken. Gott sei Dank wurde die alte Frau nur leicht verletzt. Eine Woche später fuhr sie bereits wieder Taxi. Doch ich machte mir trotzdem Sorgen. Da die Schmerzen in einer Seite nicht nachließen, ging Frau Kazenser zum Arzt.

„Morgen, Helma, da komm ich in die Röhre, und die gucken alles in mir an", witzelte sie.

Tatsächlich sahen die Ärzte ganz genau hin. Sie entdeckten zwei Tumore im Kopf, einen in der Lunge und einen in der Leber. Frau Kazenser, die sonst nichts so schnell aus der Bahn werfen konnte, erzählte mir weinend davon. Als ich die Diagnose hörte, verlor ich die Hoffnung. Ich mochte diese Frau so sehr und wurde tieftraurig. Jetzt wirkte die ansonsten so resolute Dame sehr zerbrechlich.

„Kazenserlein, ich bete für dich", sagte ich, auch wenn ich wusste, dass sie nichts von Jesus und der Bibel hielt.

Seit diesem Tag kam Frau Kazenser nicht mehr, um Sarah abzuholen, denn sie musste schnell ins Krankenhaus. Das Zimmer teilte sie sich mit zwei anderen Frauen. Immer wenn ich sie besuchen kam, begrüßte ich auch die anderen Patientinnen herzlich. Ich fand, auch sie würden sich bestimmt über ein paar aufbauende Worte freuen. Also schenkte ich ihnen ab und zu eine schöne Postkarte mit einem Bibelvers. Gott hat meiner Meinung nach überhaupt die besten Worte, um kranken Menschen Mut zu machen.

Fast täglich sah ich nach meiner Freundin im Krankenhaus. Ich rückte mir den Stuhl vor ihrem Bett zurecht, klopfte ihr Kissen auf, und dann plauderte ich darüber, was ich so den ganzen Tag trieb. Und natürlich erzählte ich von Jesus. Die alte Frau hatte keine Chance und hörte geduldig zu. „Und Henning, wie geht es ihm? Ob der mich auch mal besuchen kommt?", wollte sie immer wissen und zwinkerte mir zu.

Ich freute mich, als Frau Kazenser nach mehreren Operationen aus dem Krankenhaus entlassen wurde. Das war kurz vor ihrem Geburtstag. Wieder besuchte ich sie, sooft es ging. Ich wollte mich um sie kümmern und sie aufmuntern. Sie konnte kaum noch das Haus verlassen.

„Ach, Helma, ich sehe schrecklich aus. Guck meine Haare", sagte sie bei einem Besuch. „Ich würde so gern zum Friseur gehen."

Da kam mir die Idee: „Mensch, Kazenserlein, ich mach das." Schließlich hatte ich zumindest für ein paar Monate in einem Friseursalon gearbeitet. Das sollte doch für etwas gut sein. Also holte ich flink eine kleine Schüssel, wusch ihr die Haare und schnitt sie wie in einem richtigen Salon. Dann nahm ich mir ihre Fingernägel vor und lackierte sie in einem hellen Ton. Wie im Schönheitssalon ging es an diesem Tag zu. Und ich spürte, dass es meinem Kazenserlein unglaublich gefiel. Sie hatte rosige Wangen. Dieser Tag war ein guter Tag für sie. Viele davon sollte es nicht mehr geben.

Einige Tage später saßen wir in ihrem gemütlichen Wohnzimmer wieder beim Kaffeekränzchen zusammen und plauderten über dies und das. Als ich nach einer Stunde wieder aufbrechen wollte, drückte sie meine Hand und sagte: „Henning und du, ihr seid die einzigen Menschen, an die ich mich erinnere, die mich jemals umarmt haben."

Oh, wie mir diese Worte zu Herzen gingen. So gut konnte ich sie nachempfinden. Denn wie sehr hatte ich mich selbst nach der Umarmung meiner Mutter gesehnt. Nach irgendetwas, das mich wissen ließ, ich werde geliebt. Mir wurde das Herz schwer. Jetzt war Frau Kazenser 73, und niemand war da, der sie in den Arm nahm. Zwar hatte die alte Frau eine große Familie, die sie auch besuchte, aber niemand schien zu bemerken, dass sie sich nach einer einfachen Umarmung sehnte. *Sie mag für viele eine verschrobene und unfreundliche Frau sein*, dachte ich. *Aber sie ist auch nur ein Mensch, der sich nach Liebe und Geborgenheit sehnt.*

Also nahm ich sie in die Arme und drückte sie fest an mich. Das Haarspray von unserer Schönheitsaktion war noch zu riechen. Ich streichelte ihr über den Rücken und spürte die Knochen durch ihren Pullover. Frau Kazenser hatte durch die Krankheit so stark abgenommen. „Kazenserlein, ich umarme dich immer gern!“, sagte ich und schluckte eine Träne hinunter.

Der Krebs breitete sich weiter aus. Frau Kazenser kam auf die Palliativstation ins Krankenhaus. Nur noch ihre Schmerzen konnten gelindert werden. Ich wusste, sie ging ihren letzten Weg. Und dabei ließ ich sie nicht allein. Die alte Frau war schwach, und ihr Körper zog sich vom Leben zurück. Jetzt hatte Frau Kazenser ein Zimmer für sich allein, die Wände waren in warmen Farben gestrichen. Nur gedämpft drangen die Geräusche der Straße ins Zimmer. Sie drehte leicht den Kopf zur Seite, als ich langsam die Tür aufdrückte, und lächelte.

„Hallo Kazenserlein“, begrüßte ich sie und strich ihre abstehenden Haare zurück.

„Helma, meinst du, Jesus ist gut?“, fragte sie nach einer Weile mit leiser Stimme.

Verwundert schaute ich sie an und streichelte über die eingefallene Wange meiner Freundin. „Aber natürlich ist er gut. Er liebt dich doch.“

Das Reden fiel ihr schwer, doch ich spürte, dass ihr etwas Wichtiges auf der Seele lag.

„Und denkst du, dass er im Himmel auch *Jacobs Krönung* hat?“ Dann legte sie ihre Hand auf meine und wischte leicht darüber. „Denn wenn wir uns da oben treffen, dann will ich doch mit dir Kaffee trinken.“

„Ach, Kazenserlein.“ Ich war so berührt und spürte, dass sie ihr Leben nun Jesus anvertrauen wollte. Also nahm ich ihre Hand fest in meine und fragte: „Kazenserlein, willst du an Jesus glauben? Willst du, dass er dir alle deine Sünden vergibt und du damit ewiges Leben bekommst?“

Meine Freundin sah mich an. Ich hatte die richtige Frage gestellt. „Ja. Das wäre schön“, sagte sie, und ein Lächeln breitete sich auf ihrem eingefallenen Gesicht aus.

Auch ich strahlte und betete laut für sie. Ich bat Gott, sich ihrer anzunehmen. „Möge dein Wille geschehen! Amen!“

Wie bei meinem Vater durfte ich nun auch bei meiner Freundin erleben, wie sie sich für Jesus entschieden hatte. Das hätte ich nicht für möglich gehalten.

„Siehst du, Kazenserlein, jetzt sehen wir uns bestimmt im Himmel wieder."

Nach diesem Tag ging alles sehr schnell. Frau Kazenser kam in ein Hospiz. Noch am Tag vor ihrem Tod besuchten Sarah und ich sie dort. Sie lag friedlich da. Das Sterben machte ihr nun keine Angst mehr. Sie erkannte uns, als wir neben ihrem Bett saßen.

„Na, weißt du auch noch, wer ich bin?", fragte sie Sarah mit trockener Stimme. Meine Tochter nickte und schaute unsicher zu mir. „Ich sehe bestimmt doof aus, so dünn wie ich bin."

Dann plauderte ich wieder von meinen Alltag, und Sarah erzählte etwas aus der Schule. Wir kamen auf alte Storys über vergangene Taxifahrten. Mein lautes Lachen schallte bis hinaus auf den Flur. Als wir das Krankenhaus wieder verließen, fragte Sarah mich, ob Frau Kazenser wieder gesund würde. Ich schluckte und strich ihr über den Kopf.

„Nie wieder, mein Kind. Das ist ein Haus, in dem man stirbt. Unsere Freundin geht bald zu Jesus."

Kapitel 42

Himmlisches Strahlen

Zur Beerdigung von Frau Kazenser kamen zehn Leute auf den Friedhof. Die Trauerfeier verzögerte sich, weil der Pfarrer noch nicht da war. Dann kam die Tochter von Frau Kazenser auf mich zu und fragte: „Sie sind doch gläubig. Haben Sie nicht eine Bibel dabei? Lesen Sie doch der Mama etwas daraus vor."

Im ersten Moment wusste ich nicht, was ich sagen sollte. Ich war völlig baff. „Ja, ist gut“, sagte ich und hatte überhaupt keine Ahnung, was ich tun sollte. Ich hastete zum Auto. Im Handschuhfach fand ich ein Neues Testament und atmete erleichtert auf. Auf dem Weg zurück zur Trauerhalle überlegte ich, was ich am Grab von Kazenserlein sagen sollte. Vieles hatte ich schon improvisiert, aber eine Beerdigungsrede noch nie. Ich wusste auch, dass niemand aus ihrer Familie wirklich an Gott glaubte. Doch als ich wieder in der Trauerhalle ankam, war der Pfarrer inzwischen aufgetaucht, und mir blieb die Trauerrede erspart. Er hatte sich im Termin vertan und war daher eine Stunde zu spät dran.

Die Trauergesellschaft versammelte sich am Grab, und die Zeremonie war schnell vorbei. Ich betete still für die Angehörigen und auch für den Pfarrer. *Meine Freundin, du hast es geschafft und bist jetzt bei Jesus*, dachte ich froh.

An ihrem Grab stand ein gerahmtes Bild von der alten Frau. Ihre Tochter hatte es aufgenommen, kurz nachdem ich Frau Kazenser die Haare geschnitten hatte. Sie sah schön darauf aus und strahlte förmlich. Irgendwie glaubte ich, dass sie vielleicht schon an diesem Tag zu Jesus gefunden hatte. *Wer weiß?* „Spätestens im Himmel werde ich sie fragen“, nahm ich mir vor. Natürlich bei einer Tasse Kaffee.

Bei diesem Gedanken musste ich lächeln.

Epilog

„Mein barmherziger Samariter“

Ich warte vor der Garage. Es ist noch früh am Morgen. Nachbarn deuten mit der Hand einen Morgengruß an, als sie an mir vorbeifahren. Ich grüße freundlich zurück. Bei schönem Wetter bringe ich Sarah manchmal mit dem Motorrad in die Schule. Ich fahre nun eine *Suzuki Bandit 1200*, die mir Henning vor ein paar Jahren geschenkt hat. Mit meiner *Suzi* habe seitdem viel erlebt.

Doch anders als früher ist das Motorrad jetzt nicht mehr mein Lebensinhalt. Mich von meiner *Yahama FJ1200* zu trennen, war für mich ein wichtiger und notwendiger Schritt. Sie war das letzte Überbleibsel aus meinem alten Leben. Mit der *Yahama* war ich wie eine Wilde durchs Leben gerast. Immer auf Anschlag. Wer bremst, verliert, das war mein Motto. Speed und Macht waren der Kick.

„Mit meiner Bandit bin ich nun unterwegs im Auftrag für den Herrn“, sage ich oft. Ich weiß, dass die Maschine viel Dampf hat. Ich bete nun vor jeder Fahrt, dass ich gesund und heil ankomme. Auch mein Fahrstil hat sich zu 99 Prozent verändert. Das eine Prozent Verwegenheit kommt nur ab und zu durch.

Unruhig wackle ich mit dem Helm in der Hand. „Sarah, wir kommen zu spät“, rufe ich. Eine Amsel schreckt auf und fliegt meckernd an mir vorbei. Vom Zaun aus schielt der Vogel mit schief gelegtem Kopf zu mir rüber. Henning und ich haben vor ein paar Jahren ein großes Haus gekauft. Wir brauchten mit den Kindern einfach mehr Platz. Es liegt an einem Hang in einem kleinen, ruhigen Ort.

Dorothy sieht mit ihren 20 Jahren heute so hübsch aus wie meine Mutter, als sie im selben Alter war. Wir sind richtig stolz auf sie. Sie studiert an der Uni. Auf Vincent sind wir nicht weniger stolz. Er macht eine Ausbildung. Sarah, das Nesthäkchen, geht noch zur Schule. Als Pflegeeltern geben wir weiterhin Kindern aus schwierigen Verhältnissen zumindest für eine kurze Zeit ein ruhiges und liebevolles Zuhause. In den vergangenen Jahren hatten wir mehrere

Pflegekinder bei uns. Mal über Jahre, mal für ein paar Wochen. Ich habe mich zu einer richtigen Expertin entwickelt. Die Kinder haben im Haus ein eigenes Zimmer und damit Rückzugsmöglichkeiten. Sie sollen sich bei uns wohlfühlen. Wenn ein Kind zu uns kommt, bitten wir die Eltern, ihnen ein Kuscheltier mitzugeben. Die Trennung und Eingewöhnungsphase soll damit leichter werden. Das Haus haben Henning und ich so eingerichtet, dass wir auch kurzfristig Kinder aufnehmen können.

Eines Tages fragte der Bundesverband der Pflege- und Adoptivfamilien, PFAD, ob ich nicht Lust hätte, als Beisitzerin bei ihnen mitzumachen. Ach, warum nicht? Beim PFAD-Treffen in Berlin habe ich nun mit Politikern, Jugendamtsleitern und Behörden zu tun. Manchmal schreibe ich auch Artikel für die Fachzeitschrift des PFAD. Auch als Tagesmutter habe ich ein Programm mit ausgearbeitet, denn ich habe Erziehungsziele. Eines davon ist, dass die Kinder glücklich bei uns sind und Zuversicht und Selbstvertrauen lernen. Ein anderes ist quasi mein Lebensmotto: „Du sollst deinen Nächsten lieben wie dich selbst.“ (Matthäus 12,31; L)

Würden meine Kumpels von früher, Eintopf, Micha oder auch Sören, mich heute sehen, die würden sich kaputtlachen. Ich baue in der Tagespflege mit den Kindern kleine Männlein aus Kastanien oder Marienkäfer und bunte Blumen. Im Februar werden lustige Clowns und Luftballongesichter gebastelt. Jede Jahreszeit gibt mir neue Ideen. Manchmal wünschte ich, meine Oma, mein Vater und Ingrid könnten mich jetzt sehen. Oder meine Mutter. Besonders die. Wir haben keinen Kontakt mehr.

Henning arbeitet sehr viel und oft sehr lang. Unsere gemeinsame Zeit ist kostbar. Beide sind wir im Rheinpfalz-Chapter der *Holy Riders* aktiv. Seit ein paar Monaten bin ich frei von den Schulden meines zweiten Mannes, für die ich gebürgt hatte, und aus der Privatinsolvenz raus. Halleluja! Mit etwa 150 000 Mark bin ich rein. Rund 75 000 wurden mir erlassen wegen Verjährung. Niemals hätte ich gedacht, dass ich diesen Berg von Schulden jemals loswerden würde, bevor ich sterbe. Denn ich wollte meinen Kindern diese Last nicht aufbürden. Das war auch mein größter Wunsch an Gott. Gott ist so gut!

Einmal in der Woche koche ich ehrenamtlich Mittagessen im *Lichtblick*, einem Treffpunkt für bedürftige und obdachlose Menschen. Viele Gäste teilen ein ähnliches Schicksal. Brutales Elternhaus, Alkohol, Schulden, Absturz. Irgendwie fühle ich mich hingezogen zu diesem Schlag Mensch. Ich kann sie verstehen.

Warum ich das mache, wurde ich einmal von einem Journalisten gefragt. „Wer selbst einmal Not erlebt hat, hat weniger Berührungsängste. Mein Motto ist: Wo kann ich helfen?“, habe ich dann geantwortet.

Sarah ist nun endlich fertig, und wir fahren in ihre Schule. Die Schulleitung der Förderschule hat mir eine besondere Aktion für die Kinder genehmigt. So wie heute. Jeden Mittwochmorgen, noch vor dem eigentlichen Unterricht, biete ich eine Art Kindergebetsstunde an. Dann bringe ich Kakao, bunte Becher und Kinderbücher mit. Wie viele Kinder da sind, ist unterschiedlich. Die Zeit mit mir ist freiwillig. Wer mag, kann kommen. Meist sind es jüngere Schüler. Dann lese ich aus einem Kinderbuch vor und spreche mit ihnen darüber. Manchmal auch über Kinder, die in Slums leben. Natürlich muss ich dann erst erklären, was ein Slum ist. Zum Abschluss beten wir gemeinsam.

An solch einem Mittwoch saß ich neulich wieder mit ein paar Kindern zusammen. Ich las ihnen eine Geschichte aus einer christlichen Zeitschrift vor. Es war die Bibelgeschichte des barmherzigen Samariters.

Ein Mann wurde von Räubern auf offener Straße überfallen, ausgeraubt und zusammengeschlagen. Sie ließen den Verletzten achtlos liegen. Wie ein weggeworfenes Kaugummipapier. Zwei Männer kamen vorbei. Doch obwohl sie religiöse und anständige Menschen waren, machten sie einen großen Bogen um den Verprügelten. Einzig ein Mann aus Samarien, von dem man nicht annehmen durfte, dass er helfen würde, also einzig dieser Mann kümmerte sich um den Verletzten. Er verband seine Wunden und brachte ihn in eine Pension. Er hatte wahrlich Mitleid gezeigt.

Die Kinder hörten gespannt zu. Sie waren empört, dass die anderen Männer nicht geholfen hatten.

Als der Gong zum Unterricht schellte, liefen die Kinder in ihre Klassenräume. Ich sammelte gerade die leeren Kakaobecher ein, als die Schulleiterin noch kurz bei mir vorbeischaute. Oft wechseln wir noch ein paar Worte, bevor der Schulalltag losgeht.

Plötzlich hörten wir ein Kind schreien. Wir rannten sofort auf den Flur. Ein achtjähriges Mädchen musste sich gestoßen haben. Die Wunde an ihrer Stirn blutete stark, und das Kind weinte herzzerreißend. In diesem Moment erinnerte ich mich daran, wie ein Nachbarsjunge mir als Kind auch einen Stein gegen die Stirn geschleudert hatte. Meine Mutter hatte mir damals eine gescheuert, weil ich nicht aufhören wollte zu weinen.

Wir liefen zu dem Mädchen, und ich versuchte es zu beruhigen. Ein Lehrer hatte bereits den Krankenwagen gerufen. Die Mutter des Mädchens war leider nicht zu erreichen.

„Ich habe Angst. Ich war noch nie in einem Krankenhaus", wimmerte das Kind.

Es hielt ein Taschentuch auf ihre Stirn gepresst. Die Schulleiterin fragte mich, ob ich nicht mit der Kleinen mitfahren könne. Klar!

„Du brauchst keine Angst zu haben. Ich bleibe bei dir, bis deine Mama kommt", tröstete ich sie.

Auf dem Weg ins Krankenhaus erzählte ich ihr Geschichten, über die wir beide lachen mussten. Das Mädchen saß auf meinem Schoß. Im Behandlungsraum wich ich nicht von ihrer Seite. Ich wusste ja zu gut, wie einschüchternd das ganze medizinische Gerät sein konnte. Während der Arzt sich die Wunde anschaute, plauderte ich weiter, um das Mädchen abzulenken. Es funktionierte. Die Kleine wurde immer ruhiger. Auch der Arzt schmunzelte über die meine Geschichten.

Ihre Kopfverletzung musste genäht werden. Bei der Spritze sagte ich zu ihr: „Du kannst ruhig meine Hand drücken. Ganz feste." Das tat sie auch. Sie wollte ganz, ganz tapfer sein und ließ meine Hand nicht mehr los.

Nach der Behandlung ging ich mit dem Mädchen durch den Park zurück zur Schule. Ihre Mutter war immer noch nicht erreicht worden. Mir gingen langsam die Geschichten aus. Deshalb sprach ich über die Natur. Ich erzählte, dass Gott all dies so wunderschön geschaffen hatte. Die Tiere. Die Blumen. Die Bäume. Das Eichhörnchen da drüben. Einfach alles. Da schaute das Mädchen zu mir hoch. Auf ihrer Stirn klebte ein großes Pflaster. Einige Blutspritzer waren auf ihrem Jackenkragen getrocknet.

„Wissen Sie was, Frau Bielfeldt?“, fragte es. „Sie sind mein barmherziger Samariter. Genauso wie Sie es uns heute Morgen vorgelesen haben. Ich hatte gar keine Angst.“

Ich war platt. Barmherziger Samariter: Das hatte noch nie jemand zu mir gesagt.

Zum Schluss

Als ich vor dem Abgrund meines Lebens stand, begegnete Jesus Christus mir mit seiner Liebe. Nichts an mir schreckte ihn ab. Er sagte nicht: Du musst erst so oder so werden, dann kann ich dich lieben. Nein! Er war barmherzig mit mir und sah meine verwundete Seele. Er sah all die Verletzungen und mein selbstzerstörerisches Ich. Wer bremst, verliert. So war immer mein Fahrstil. Dadurch baute ich auch viele Unfälle. Pah, rechts vor links. So etwas galt nicht für mich.

Erst Jesus Christus gab mir, wonach ich mein Leben lang gesucht hatte: Frieden und Liebe. Jesus befreite mich von allen Lügen, Trieben, Süchten, Zwängen. Ich brauchte und brauche ihn, um zu erkennen, dass es ohne ihn keine Hoffnung gibt. All meine Wunden sind geheilt – körperlich und seelisch.

Mein Leben war geprägt von Kälte, Härte, Ablehnung und immer wieder von Gewalt. In all diesen Jahren wandte ich mich niemals an Gott. Er war mir egal. Wo war Gott, als meine Mutter mich schlug oder meine beiden Ehemänner oder bei den vielen Unfällen? Wo war er, als meine Schwester Ingrid ums Leben kam? Meine Oma sagte immer zu mir: „Jesus ist da. Er hört dich."

Im Rückblick erkenne ich, dass ich selbst zu laut war, um auf ihn zu hören. Ich war der Macher meines Lebens. Inzwischen habe ich meiner Mutter vergeben können, weil ich selbst Vergebung erfahren habe. Gern würde auch ich sie um Vergebung bitten. Sie hatte es nicht leicht mit mir.

Liebe Leserin, lieber Leser, ich bin nicht besser oder schlechter als andere Menschen. Aber ich bekam eine zweite Chance. Ich durfte neu anfangen, weil ich Jesus in mein Herz gelassen habe. Das hatte ich in meinem früheren Leben mit einem dicken Schloss abgeriegelt. Immer, wenn ich es einen Spalt öffnete, wurde ich bitter enttäuscht. Glauben Sie mir, die Geschehnisse in diesem Buch zeigen nur einen Bruchteil dessen, was ich alles verzapft habe.

Aber auch das Leben mit Jesus ist kein Ponyhof. Es ist nicht einfacher. Ich habe auch als Christin Zeiten voller Sorgen, Leid, Kummer,

Schmerz und Ablehnung erlebt. Aber in der Bibel steht, dass gerade Kinder mit Wunden bei Gott sicher sind. „Kommt her zu mir, alle, die ihr mühselig und beladen seid; ich will euch erquicken“, heißt es (Matthäus 11,28; L). Ich habe das selbst erlebt.

Wenn Sie sich an der ein oder anderen Stelle in diesem Buch wiederfinden, möchte ich Ihnen sagen: Jesus heilt auch Ihre Wunden. Er legt nicht nur ein Pflaster darauf. Es tut manchmal echt weh, aber seine Liebe auch zu Ihnen wird niemals vergehen. Er wird Sie nicht fallen lassen.

Dank

Henning, ich danke dir, dass ich durch dich Jesus Christus kennengelernt habe. Danke, dass du mich geheiratet hast, obwohl du wusstest, was für ein Leben ich geführt habe. Du liebtest meine Kinder vom ersten Moment an. Und ich liebe dich von ganzem Herzen.

Karin, auch dir vielen Dank. Du meintest schon immer, dass ich mal ein Buch schreiben sollte. Ich danke Konstanze von der Pahlen, Lektorin des Brunnen Verlags. Die Zugfahrt mit dir setzte alles in Bewegung. Ich danke Romy Schneider, die mich nun sehr persönlich kennengelernt und meine Gedanken und Erlebnisse aufgeschrieben hat.

Danke, Sarina. Du bist immer da, wenn ich jemanden zum Reden brauche. Schorschi, dein Lobpreis bei uns zu Hause ist toll. Danke, Mondo, von dir habe ich viel gelernt. Thomas und Bettina, Johannes und Angela, Kalle und Karin, danke, dass ihr da wart, wenn bei uns Not war.

Tausendmal danke meiner Schwester Doris. Du bist immer für mich da und vergisst nie einen Geburtstag und irgendwelche Adressen. Auch meiner Freundin Anne danke ich, die mich immer wieder ermutigt hat mit den Worten: „Schreib das mal auf.“ Unsere gemeinsamen Einsätze mit den *Holy Riders* auch im Ausland sind immer bewegend.

Dankbar bin ich auch für meine Oma, meinen Vater und meine Freundin Gaby. Sie gaben mir einen besonderen Halt. Ich freue mich, sie im Himmel wiederzusehen. Ihr seid schon vorausgegangen. Danke, Eintopf, dass du mich in meinem alten Leben immer unterstützt hast, wenn es brenzlig wurde, und ohne viele Worte da warst für mich. Du bist wie ein großer Bruder für mich, und ich bete zu Gott, dass er auch dein Herz anrührt.

Auch meiner Mutter möchte ich danken, dass ich ihr Kind bin – auch wenn sie sich einen Sohn gewünscht hat. Ich möchte mich bei allen Eltern bedanken, die mir ihre Kinder eine Zeit lang in Pflege anvertraut haben. Jedes dieser Kinder ist weiter in meinen Gedanken und Gebeten.

Zuletzt möchte ich Dorothy, Vincent und Sarah danken. Danke dafür, dass ich euch eine Mama sein darf. Ich liebe euch für immer.

Helma Bielfeldt

Begriffserklärungen

Benzingespräche unter Motorradfahrern drehen sich um Motorräder, Umbauten und so weiter. Oftmals sind sie eine Art Small Talk oder Kennenlerngeplauder am Lagerfeuer auf Motorradtreffen.

Chapter nennen sich die Ortsgruppen bzw. regionalen Ableger eines *Motorradclubs*.

Das **Clubhaus** ist der Stammsitz, das Zuhause eines *Motorradclubs*. Es kann eine einfache Baracke bis hin zu einem bewachten Gelände sein. Dort trifft sich der gesamte Club zu Besprechungen. Auch Motorräder werden häufig dort repariert und aufgemotzt. Wer nicht zum Club gehört, hat meist keinen Zutritt zum Clubhaus. Außer wenn der Club zur Party einlädt. Dann werden gemeinsam wilde Feste gefeiert.

Beim **Colour** (englisch: Farbe), auch Backpatch genannt, handelt es sich um das Club-Wappen. Es ist ein Aufnäher mit dem Symbol bzw. Logo des *Motorradclubs*, in dem der Träger Mitglied ist. Das Colour wird auf der Rückseite einer *Kutte* angebracht. Meist ist es mehrteilig. *Prospects* tragen häufig nur einen Teil des Backpatches. Bei den Club- oder Vereinsfarben wird strengstens darauf geachtet, dass sie sich von den Colours anderer *MCs* unterscheiden. Eine Verwechslung oder Provokation sollte tunlichst vermieden werden.

Ein **Hangaround** oder auch *Hänger* ist die erste Stufe auf dem Weg zum *Member* eines *MCs*. Hänger müssen sich regelmäßig im *Clubhaus* oder auf dem Gelände sehen lassen. Es kommt vor, dass sie niedere Arbeiten, wie Maschinen und Autos putzen oder Türsteher sein, erledigen müssen. Sie tragen kein *Colour*.

Die **Kutte** ist eine ärmellose Jeans- oder Lederweste mit dem Club-Symbol und besonders wichtig für Mitglieder von *Motorradclubs*. Sie ist ein Statussymbol. Sie zeigt, welchem Club der Träger als *Prospect* oder *Member* angehört. Bei Ausfahrten ist das Tragen der Kutte Pflicht. Die Kutte mit dem *Colour* wird voller Stolz getragen. Vorn werden *Patches* angebracht, etwa Rangbezeichnungen wie *Präsident*, Treasury (Schatzmeister) oder Secretary (Schriftführer) sowie der Ortsname des jeweiligen *Chapters*. Auf die Kutte näht man auch *Patches* befreundeter Clubs. Mitglieder großer *MCs* tragen in der Regel nur das *Colour* oder *Patch* ihres eigenen Clubs. Im

Falle einer (unehrenhaften) Entlassung aus dem *MC* kann die Kutte, wenn Clubeigentum, zurückgefordert werden. Als Erniedrigung gilt es, wenn jemandem die Kutte abgenommen wird.

Die **Kuttentaufe** wird gefeiert, wenn ein *Prospect* nach einstimmiger Entscheidung des Clubs oder der Leitung zum *Member* wird. Meist bringt das neue Mitglied das *Colour* eigenständig auf der *Kutte* an. Diverse Rituale zur Kuttentaufe werden nur noch selten praktiziert. So sollen *Prospects* in eine Schlammgrube geworfen worden sein, mussten Trinkrituale über sich ergehen lassen oder das *Colour* aus einem Schweinekopf herausbekommen.

Member heißt das Vollmitglied eines *Motorradclubs*, dem die Anwartschaft als *Prospect* vorausgeht. Ob man am Ende tatsächlich vollwertiges Mitglied wird, hängt von der einstimmigen Entscheidung des gesamten Clubs oder der Leitung ab. Erst als Member bekommt man das vollständige *Colour*.

Ein **Motorradclub/MC** (eigentlich *Motorcycle Club*) ist ein solider Zusammenschluss von Motorradfahrern. Sie geben sich durch ein gemeinsames *Colour* zu erkennen. MC darf sich nicht einfach jeder Bikerverbund nennen. Mit der Bezeichnung geht häufig ein Gebietsanspruch einher. Man sollte in der Szene eingeführt sein und fragen, bevor man sich als MC formiert, sonst handelt man sich gehörig Ärger mit bereits bestehenden MCs der Gegend ein. Die ersten MCs wurden von US-Kriegsveteranen gegründet. Wahrscheinlich kommt daher auch die militärische Struktur.

Ein **Patch** ist ein kleiner Aufnäher, der auf der *Kutte* angebracht wird. Patches zeigen die Position in der Hierarchie an (*Präsident*, *Prospect* etc.), aber auch freundschaftliche Beziehungen zu einem bestimmten *MC*.

Präsident, kurz **Präsi**, ist der Leiter und Repräsentant des Clubs bzw. eines regionalen *Chapters*. Bei öffentlichen Auftritten, Treffen mit anderen Präsidenten, Veranstaltungen oder auch Presseterminen vertritt er den *MC* nach außen. Wer Präsident wird, entscheidet nicht selten das Gesetz des Stärkeren.

Prospect zu sein ist der Beginn der offiziellen Anwartschaft auf die Vollmitgliedschaft in einem *MC*. Wie lange diese Probezeit dauert, hängt vom Club ab und wie sich der Prospect macht. Auch hierbei müssen nicht selten Zwangspflichten erfüllt werden. Prospects tragen einen Teil des *Colour*.